ビジネスの

JN042731

営学

無敵のメソッド
70

鈴木竜太＝監修

ノウハウが
場面でわかる
4コマ付き

池田書店

はじめに

「わからん、お前の話はわからん！」

　10年ほど前、効能について難しい言葉で話そうとする岸辺一徳さん演じる息子に、大滝秀治さん演ずる父親が「つまらん、お前の話はつまらん！」と言い放つ防虫剤のCMがあった。無表情の息子と飄々とした父親のユーモアあふれるCMで話題になった。今、ビジネスの会話のなかでも「つまらん」とはいかなくとも、「わからん、お前の話はわからん！」と言いたくなるような場面はないだろうか。「このSDGsが重視される社会において、ABC分析をしたところ、わが社のKPIとしてダイバーシティの……」。滔々と話す姿を見ながら、なんとなくわかっているようでわかっていない、もしかしたら話している本人すらよくわかっていないのではないか、そう思えるくらいビジネス用語は次から次へと現れ、使われる。

　本当は「わからん、お前の話はわからん！」と言いたいが、そう言ってしまえば自分の無知をさらすようで言い出せない。では、話している側はよくわかっているかというとそうでもないことも少なくない。なんとなくその意味はわかっていて、それっぽく話してはいるが、本当にわかっているかと言われれば自信がなく、空気の読めない若手に「係長、その言葉よくわからないので説明してもらえないでしょうか」と言われたら、とビクビクしていることも多々ある。ただ現実ではあまりそういうことが起こることは多くない。わからない言葉がたくさん入った話をしていても、なんとなくみんなやりすごし、なんとなく話が進んでいく。マジックワードがたくさん含まれる説明は、まさにマジカルにあたかもそれで解決できるような気分にさせる。もちろん、ビジネスでそれが良いとは言えない。きちんとしたコミュニケーションが成立していることは、ビジネスを進めるうえでもっとも基本的な点だからである。

知らぬは一生の恥？

　落語に「ちりとてちん」という噺<ruby>噺<rt>はなし</rt></ruby>がある。いつも知ったかぶりをする男をギャフンと言わせるために、豆腐の腐ったものを「ちりとてちん」という珍しいものが手に入ったといって食べさせる噺である。知ったかぶりをする男は、知ったかぶりをしたがために最後には腐った豆腐を食べることになってしまう。お腹を壊すだけならいいが、ビジネスの場面では言葉を誤解して話を進めて失敗しては目も当てられない。慌てて Wikipedia を見るようではビジネスパーソンとしての信頼も失ってしまう。知るは一時の恥、知らぬは一生の恥どころか、ほかの仲間にも迷惑をかけてしまう。

　この本は、マジックワードをうまく使って、議論を煙に巻こうという人のためにあるわけではない。話し手としても聞き手としても、日頃「わからん、お前の話がわからん！」という状況、「わからん」ままに進んでしまう状況を減らしていくためにある本である。この本で取り上げたトピックはいずれも今のビジネスを理解するために有用なものであると同時に、仕事のなかでの議論をより有効なものにするトピックばかりである。ぜひ日々「わからん」状況にある人はこの本を手に取ってもらいたい。きっと読めば「わからん」ことが「わかる」以上のことをあなたにもたらすだろう。

胡散臭い経営学から使える経営学へ

　実は経営学の用語が日常的なビジネスの会話のなかで氾濫することは、経営学者にとってもあまり好ましい状況ではない。これらのビジネス用語の一部は経営学者の研究によって提起されるものもあれば、カイゼン（→ P190 参照）のように経営の現場から生まれてくることもある。近年では、経営を指南するコンサルタントによって生み出されるものも数多くある。それらの言葉はビジネスの環境に合えば、流行語のようにビジネス界にはやり出す。今やリーダーシップやキャリアという言葉は小学生の授業でも登場する。流行は冷めるのも早い。10年前の流行語大賞の言葉（ちなみに2010年の流行

語大賞は「ゲゲゲの〜」である）のように、今ではほとんど耳に入ることの
ない言葉になっている。

　経営環境が日々変わるのであるから、使われるビジネス用語が変遷してい
くのはまったく普通のことである。ただそれらの言葉が、言葉遊びのように
使われることや、最初に述べたような人々の「わからん」を増やしてしまう
ことになると、とたんに経営学は人を煙に巻くための胡散臭いものとなって
しまう。仕事マンガでも、MBA帰りでカタカナ語や最新の経営理論をかざ
して改革をする人物は得てして胡散臭く、最後には失脚してしまうことが多
い。このような状況は経営学にとっても由々しき問題であり、経営学を研究
している私にとっても残念なことである。経営学は有用な学問である。ぜひ
胡散臭さを生まずに使ってもらいたいと思う。

宅配ピザ店はなぜ2枚買うと1枚無料にするのか？

　なぜなら経営学は一部の経営層だけが理解していれば良い学問ではなく、
（実際にビジネスの現場に身をおく人でない人を含む）多くの人にとって便
利で使える学問だと思っているからである。例えば、宅配ピザ店では「2枚
頼むと1枚無料！」といったサービスをしているところがある。つまり、1
枚頼むのも2枚頼むのも同額ということである。一見、損しないの？　と思
うかもしれないが、実は経営学的に考えれば理由のあることである。もちろ
んこのような戦略を取る目的は、2枚買うと1枚あたりが半額になるという
お得感から、買ってみようというプロモーションになることにほかならな
い。つまりはお客さんが増えるということである。外食産業は厳しいから、
お客さんを獲得するためには目を引く割引戦略は重要である。

　しかし、それで損しては意味がない。損をしない理由は、実はコストの構
造にある。おわかりのとおり、宅配ピザにかかるコストは、ピザそのものの
コストだけでなく、配達することにもかかる。しかし、1枚配達するのも2
枚配達するのも配達費用は変わらない。コストが増えるのは1枚分のピザだ

けなのである。ゆえに、価格設定さえ間違えなければ、それほどコストをかけることなく、売り上げが上がるというしくみになっている。さらに、通常2枚頼んで1枚無料になる場合には、安いほうのピザが無料になる。であれば、好き嫌いがなく、得しようと考えれば、同じ値段のものを頼むのが一番お得になる。そうすると、店側も異なるピザを作る手間が省け、その分のコストも小さくなる。1つの注文であればそれほど問題ではないが、繁忙期にはこのようなちょっとした手間が減ることは大きい。このような強かな計算のうえで、宅配ピザ店は大胆なサービスを行っているのである。

日常のバックヤードを覗こう

　我々が目にする社会は市場社会であり、平和に見える街並みの後ろ側で凄まじい知恵の戦いが行われている。そのバックヤードを少しだけでも理解することによって、日常が違って見えることになり、少しだけ賢く生活をすることが可能になるはずである。この本で使われるさまざまなフレームワークや言葉は、ただ話を理解するだけでなく、日常においても使うことができるフレームワークや言葉である。この本を通して知ったことで、ほんの少し日常の謎解きができるのも経営学のおもしろさと言える。もちろんビジネスの現場に立っている読者にはぜひ、使う目的としても、この本を活用してもらいたい。そして少し経営学がおもしろそうで使える学問だと思うのであれば、経営学はいつでもその門戸を開いている。この本を手にしようと考える皆さんは、RPGで言えばまだ素手や拾った石や棒で戦っている戦士レベルかもしれない。「この本を読むとグローバルなビジネス社会で無敵状態になれる」とまではいかないかもしれない。ただし、確実に戦えるようになる。ぜひともこの本を読んでビジネス社会を冒険してみてほしい。

　2020年7月

神戸大学　経営学部教授　鈴木竜太

本書の使い方

Introduction

70のキーワードに入る前に知っておいてほしい経営学の基本とビジネスキーワードを簡単にまとめました。ここを最初に押さえておくことで、70のキーワードがよりつかみやすくなるはずです。

経営学の基本

経営学とはいったいどんな学問なのか、経済学とどう違うのかといったいまさら聞けない初歩的な疑問から、現代の企業が日本社会であるいはワールドワイドに何を求められているのかなどを、5つの観点からまとめました。

知っておきたいビジネスキーワード

経営学を学ぶのであれば、ビジネスキーワードの知識は欠かせません。経済新聞やオピニオン雑誌などでよく見かける単語のなかから、経営学に関連のあるものをピックアップしてまとめました。

本書は、Introductionと70のメソッドで構成されています。経営学を学ぼうとする学生やビジネスパーソンが、基礎を俯瞰できるよう、4コマンガや図解を多用し、視覚的に表現しています。

経営学　無敵のメソッド70

経営学を俯瞰（ふかん）するのに最適なメソッドを70、集めました。ひと口に「経営学」といっても「マーケティング」や「ビジネスモデル」など、いくつかの分野に分かれます。さらに専門的に学びたい分野を見極めて、突き詰めてもいいでしょう。

ある会社の、日常のひとコマです。ビジネスパーソンの日常は、こんなに経営学キーワードに満ちているのです。

該当ページで取り上げた経営学メソッドの内容を視覚的に捉え、ビジュアルで紹介しています。

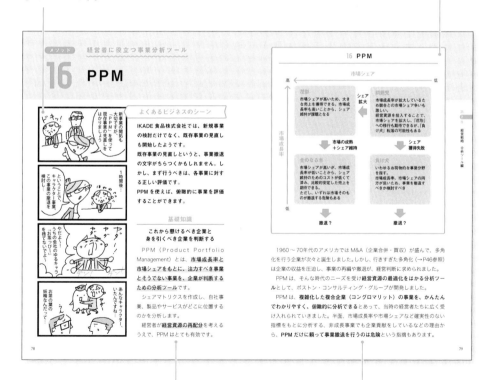

該当ページで取り上げた経営学メソッドの基礎知識をわかりやすく解説しています。

さらにつっこんだ、実態に即した応用編です。ビジネスパーソンが実際の仕事で経営学メソッドを活用する方法を学べます。

第 2 章　経営戦略　分析ツール編

第 3 章　経営戦略　理論編

第 **6** 章　組織とは何か

第7章 生産管理の手法

第8章 企業会計

Introduction

経営学の
基本

経営学 無敵のメソッド70を学ぶ前に、経営学の基礎知識を頭に
入れておきましょう。経営学とは、先人たちの知恵の結晶。ビ
ジネスに失敗しないための工夫や予備知識がたくさんちりばめ
られています。また、経営学を学びたいビジネスパーソンが知っ
ておきたい最低限のビジネスキーワードを集めました。現代の
日本のビジネス社会の大枠をつかんでおきましょう。

01 経営学とは どんな学問か？

今、経営学を学ぶ人が増えています。経営者や、将来起業したいという希望を持っている学生だけでなく、会社員にとっても必要な理論なのです。

経営学＝先人たちが育て上げた知恵の集大成！

「経営」とは、「経」＝「線を引く」と、「営」＝「建てる」を組み合わせた言葉です。**何もない荒れ地に、どのようなものを建てていくのか考え、そして実行すること**こそ、経営なのです。

　ところで、あなたがいきなり、「ここに家を建てなさい」と言われたらどうしますか？　おそらく、本を読んだり、インターネットで検索したりして、家を建てる方法を先に学ぶでしょう。何の知識もない状態で、「ここに家を建てなさい」と言われても何から手をつけていいかわかりません。仮に、何とか創意工夫を凝らして家を建てたところで、問題は山積み。住むことができるかすら、怪しいものです。

　経営も同じです。何も知らない状態から経営を始めるよりは、先人たちが苦労して失敗と成功を積み重ねてきた**過去の事例を学ぶことができれば、より有利な状態からスタートする**ことができます。

　経営に関する先人たちの知恵の集大成が、経営学なのです。

▶「マヨネーズの作り方」と「経営学」

マヨネーズの材料
・卵（卵黄）
・酢
・油

混ぜれば、マヨネーズになるのだが…

かき混ぜ方にコツが必要！
1.少しずつ油を加える。
2.ゆっくりとかき混ぜる。

この部分は、「知識」　　この部分は、「経験」

卵の大半を構成する水と、油は本来、混ざり合いません。
しかし、少しずつゆっくり撹拌することで、混ざり合い、マヨネーズとなります。この現象は、後に「乳化」として、科学的に証明されましたが、先人たちは、経験則から乳化という言葉を知らなくても、理解していました。
科学も経営学も、同じです。
経営学は、先人たちが培ってきた、知識と経験によって得られた現象を分析し、ロジックとして体系化した学問なのです。

では、なぜ経営学が必要なのでしょうか。

IKADE 食品株式会社は、180人規模の飲料水メーカー。今年の新卒は 8 人採用、営業部に配属されたのは新田君一人です。新入社員研修では社史や営業のノウハウはもちろん、経営学の基礎も学びます。しかし、新田君たち新人会社員が、どうして経営学を学ぶ必要があるのでしょうか。

経営者、経営学部の学生はもちろん、新田君のような会社員も必要としているからには、何か理由があるはずです。

経営学を学べば社会のしくみがわかる！

「なぜ、経営学を学ぶのか？」これは、よく聞かれる質問です。

　社会現象の多くは経営によって生み出されています。**企業を経営することで生み出される経済が、流行など、人々が目にする社会現象へとつながっていく**のです。

　ただし、気をつけなければならないのは、社会現象は経済合理性だけで成り立つわけではないということ。一見不合理と思えるものであっても、売れたり流行したりすることがあるのは、**人の心が複雑だから**です。なので、経営学は経済学や数学だけでなく、心理学や社会学も取り込み、**さまざまな学問の応用**として発展を遂げてきました。

　また、経営学は、社会現象のもととなる経営を学ぶ学問であり、**使われる学問、使われる道具**です。

　ぜひ、経営学を学ぶことで社会のしくみを理解し、ビジネスのみならず、教育やスポーツなど、さまざまな場面で活用してください。

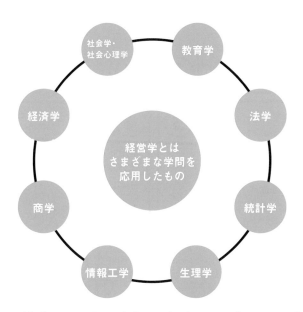

経営学は、社会のしくみを知るための、手がかりともなる。

02 経営学と 経済学の違い

経営学と経済学は、どう違うのでしょう。
似て非なる「経営」と「経済」の違いを理解するポイントは、
観察するターゲットにあります。

経営学、経済学、商学の３つがある

「経営学と経済学の違いは何ですか？」。これはとくに、高校生、大学受験生から多く聞かれる質問です。

実は、**経営学は商学部や経済学部などでも学ぶことができます**。大学によっては経済学部のなかに経済学科と経営学科があったり、経済学部・経営学部・商学部の３学部が設けられたりしています。そういう意味でも、商学や経済学との違いも含めて、経営学で扱う研究対象をイメージしにくくしている点があるといえます。

経営学は企業から、経済学は経済から社会を研究する

簡単にわかりやすくいうと、**経済学は「経済のしくみ」を考える学問**で、**経営学は「企業経営について学ぶ学問」**です。

経済とは、サービスおよびものの提供と購入、つまりお金の取引が発生する活動全般についていいます。つまり経済学とは、この取引を中心とした「経済」活動に関する歴史や理論を研究する学問なのです。

経済が取引を中心に学ぶのに対し、経営学では会社（企業）、つまり組織の運営全体についても学びます。

ですから、**会社（企業）とは何か、組織とはどういうものなのか、といった経済活動を行う枠組みの定義から始まり**、リーダーシップ論といたマネジメントについても概要を学んでいきます。

もちろん、**経営戦略やマーケティング、ビジネスモデルといった利益を追求するための考え方**も学びます。企業が利益の追求だけでなく、個人の幸福や働くことの意義、そして社会的道義などに対しても目を向け始めたのは、経営学があったらばこそ、といえます。

経営学は、枠組みが非常にしっかりとした学問なのです。

企業は、経済を動かすプレイヤーの一人です。つまり、経済を考えるうえでは企業経営にも目を配る必要があります。

経営学は社会に対して企業から、経済学は社会に対して経済から、それぞれ研究している学問、ということになります。

03 経営学における マネジメント

マネジメントとは、組織の要素である人やもの、金、情報など
を活用し、組織を維持、発展させることです。
経営学では、マネジメントをどう考えるのでしょうか?

マネジメントが企業の経営戦略を実践する

企業は、利潤を追求する組織です。

ただし、「利潤を追求する」といっても、誰のための利潤を追求するのかは企業によって異なります。株主のため、従業員のため、あるいは、企業に蓄える利潤を増やす（内部留保）ということも考えられます。社会還元を、利潤追求の目的とする企業もあるでしょう。

企業が目指す方向性や考え方を示したものを経営理念といい、**経営理念を実現するための方法が経営戦略**です。

企業におけるマネジメントでは、企業が掲げる経営理念と経営戦略を最大化するために、「人・もの・金・情報」などの企業資産をどう配分し、どう利用するのか、**最適化と最大化を実現する方法を考える必要があります**。

VUCA（→ P34参照）などにより、社会が複雑化した今、プロ経営者と呼ばれる専門家が注目されるように、**企業マネジメントの難度と重要性が上がっている**のです。

企業マネジメントにおける「アート」とは

企業経営には、センスも必要です。かといって、それは「経営学」を学ぶ必要などない、という意味ではもちろんありません。

経営学は、本書に挙げたようなフレームワークなどを用いて、**定石どおりの経営マネジメント**を導き出します。ただし、導き出された答えをそのまま経営に活かすことができるかといえば、厳密にはイコールではありません。

過去の定石がそのまま通用するとは限らないからこそ、企業の成功には、ひらめきや感性も必要だと考えられています。これが、「アート」です。

アートを経営マネジメントに活かした事例として有名なのは、Apple の経営者であったスティーブ・ジョブズでしょう。彼は、自分の感性を iPod や iPhone などの製品に反映させ、大ヒットを生み出しました。

ただし、経営学に学ぶ体系的なマネジメントとアートは、両輪の輪のようなものです。頭でっかちもダメですが、直感に頼ったマネジメントも企業を危機に陥れます。経営学にもバランスが必要なのです。

04 経営をめぐる変化

現代社会が成熟し、複雑化した結果として、企業経営にも変化が訪れています。現代企業の経営に求められている変化について考えてみましょう。

企業経営にも変化が訪れている

　経営には、自社を見つめ直し自社の価値をどのように高めるのかという**マネジメントの側面**と、競合他社やマーケットの関係性のなかでどのような価値を生み出すのかという**戦略の側面**があります。

　現代の成熟し複雑化した社会では、あるひとつのマーケットにおいても自社だけでは対応ができない、もしくは対応すべきではないケースが出てきました。その結果として、現在では、**企業同士の合併・吸収、買収、提携は、重要な経営戦略のひとつ**となっています。

　企業は利潤を追求する組織であるといいましたが、**利潤を生むためには企業が持つ価値を高める必要があります。**

　矛盾しているように聞こえるかもしれませんが、価値を生むためには、多少利潤を犠牲にしても、ステークホルダー（関係者。→ P27参照）への利益還元を考えたほうが良いケースもあります。

　現代の企業経営では、利潤追求だけでなく価値を追求するために、より広い視野、より広い戦略を持つことが求められています。

▶ トヨタ自動車を中心とした買収・提携の例

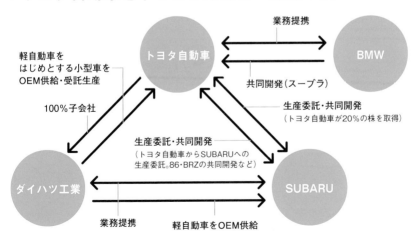

世界的な自動車メーカーであるトヨタ自動車も、自社の価値を生み出すために、多くの競合他社を買収、もしくは業務提携している。

05 | 今後の日本で求められる企業の姿

現代社会は複雑化、多様化し、経済や社会の先行きが見えにくくなっています。
そんな時代にあって、企業はどうあるべきなのでしょうか。

経営にもスピード感が求められる時代

例えば、スマートフォン。

毎年（もしくは1年未満で）新機種が発売される状況に、私たちは、すでに慣れています。

しかし、30年前、40年前の家電製品では、毎年新モデルを発売することなど考えられないことでした。

スマートフォンに限らず、**製品やサービスのライフサイクルが短くなっています**。現代社会では、経済、政治など、社会情勢のすべてが不安定で、かつ変化のスピードが速いため、製品・サービスの価値も短期間で失われてしまうことが原因のひとつです。

企業は、社会に対して価値を提供し続けなければ存続できません。

今までも、そしてこれからも、この前提は変わりませんが、**これからの企業は社会変化に対応できるように、よりスピード感を持って価値を創造し、社会へ提供し続ける**ことが求められます。

▶ 自動車産業の変化のスピード

自動車が発明されてから250年ほど経ちますが、自動車産業の変化は年々加速しています。

1769年	蒸気機関自動車が発明される	発明から大衆販売まで139年もかかった自動車ですが、次の100年で急激に産業が拡大。動力源も、蒸気からガソリンに進化するのに116年もかかったのに、この二十数年で、EV、ハイブリッド、燃料電池など、技術革新が急激に進んでいます。
1885年	ガソリン自動車の誕生	
1908年	T型フォードが発売。本格的な量産開始、大衆に広がる	
1950年	全世界の自動車生産台数が1億台を突破	
1970年	全世界の自動車生産台数が3億台を突破	
1997年	初の量産型ハイブリッド車が発売（トヨタ・プリウス）	
2014年	燃料電池自動車の一般向け販売開始（トヨタ・MIRAI）	
2016年	ノルウェーが2025年以降のガソリン・ディーゼル自動車販売禁止を表明	
2017年	フランスが2040年までにガソリン・ディーゼル自動車の販売終了を表明	
	以降、EU各国を中心に、2025年〜2040年の間に、ガソリン・ディーゼル自動車の販売停止をする表明が続いている	
2020年	日本国内での自動運転（レベル3）が開始される	

企業にとって、「利潤の追求」は、第一義といっていいくらい、大切なことです。しかし、自社の利益しか考えていない企業は、この現代では存続できません。社会や地域と連携して、より良い関係を築きながら、利潤も追求して、かつ企業価値も向上させなければなりません。

　つまり、時代のスピードと多様性に、企業も合わせていかなければならないということ。個々人以上に、高い社会性が求められる、と言い換えることもできます。

金儲けだけを追求する企業は許されない時代

　第二次世界大戦から復興し、経済的に急成長を遂げた日本社会では、4大公害病（水俣病、新潟水俣病、四日市ぜんそく、イタイイタイ病）をはじめとする公害病が、人々を苦しめました。また1976年には、大手商社と元首相が汚職で逮捕されるロッキード事件が発生しました。

　これらは、企業の行きすぎた利益至上主義が生んだ汚点です。

　確かに、企業は利潤を追求しなければなりません。**ただし、利潤を上げれば何をしても良いということではない**のです。

　ステークホルダーとは、企業が活動するうえで、直接的、間接的に関わりを得るすべての関係者を指す言葉です。具体的には、客、従業員、株主、仕入先、取引先などの直接的な関係者に加え、地域社会や行政機関など、企業活動から影響を受ける間接的な関係者も含まれます。

　現代の企業は、ステークホルダーとの関係性、社会とのより良い関係を模索しながら、利潤を追求し、かつ、企業価値の向上を目指さなければならないのです。

旧弊な企業代表　　　　　　　　　　　　　　　　　　　　現代の企業代表

利益追求のためには、お客様を大事にすればOK！

利益を上げれば、株主だってうるさいことは言わないさ！

仕入先は、こき使えるだけ使って、安く仕入れよう！

利益追求のためには、多少の環境破壊は仕方ない！

悪いことをしている企業から、誰も買いたくないよね！

CSR（→P54参照）やSDGs（→P31参照）など、企業の社会性も株主が投資する条件なんだ

仕入先も含めて、皆が笑顔になるようなビジネスをしないとね！

環境破壊なんて論外。環境活動も、企業の務め

現代の企業には、高い社会性が求められる。

01 ‥‥ 経営コンサルタント

企業を成功へと導く水先案内人

経営コンサルタントとは、企業における経営戦略や経営計画など、**企業の方向性を定める事柄について相談に応じてアドバイスを行ったり、戦略や計画の立案に関与したりすることを生業としている人**を指します。

経営コンサルタントには、資格がありません。

MBA（→ P29参照）取得者や、公認会計士、中小企業診断士などの有資格者（※ MBA は正確には学位ですが）のほか、企業の元経営者などが、経営コンサルタントとして活躍するケースもあります。

経営コンサルタントの仕事は、現状分析、課題の抽出、仮説の検証、解決策や戦略の立案など、多岐にわたります。そのため、経営コンサルタントは、幅広いスキルが求められます。

例えば、現状分析においては、本書で紹介する、さまざまな分析フレームワークを用いて、クライアント企業が持つ課題を浮き彫りにしていきます。分析の過程においては、統計学の知識や、パレート分析のように、一般的には使用されることが少ない Excel のデータ分析機能を使いこなす IT リテラシーも求められます。

顧客が求める課題解決や戦略立案のためには、経営学全般に関する深い造詣と実践能力に加え、クライアントが属する業界に関する知識も求められます。分析結果や顧客からのヒアリングによって得た情報をもとに、最適な解決策や戦略を立案するためには、高い論理的思考スキルが不可欠です。

また、経営コンサルタントには、高いコミュニケーションスキルやプレゼンテーションスキルも求められます。

顧客は、経営コンサルタントに対してすぐに打ちとけて、すべてを話してくれるわけではありません。なかには経営コンサルタントに対し、警戒心を抱く人もいるでしょう。

クライアント企業の従業員たちから、本音を聞き出し有益な情報を引き出すコミュニケーションスキル、そして課題解決のために顧客を説得し安心させるプレゼンテーションスキルは、経営コンサルタントにとって必須能力のひとつです。

経営コンサルタントは、激務ゆえのプレッシャーや時間の制約などもありますが、**企業経営の中枢に関わることができる、とてもやりがいのある仕事**です。

02 ⋯ MBA

経営学を学ぶ、人気のカリキュラム

MBAとは、「Master of Business Administration」の頭文字を取ったものであり、日本語では、**経営学修士と呼ばれる経営学の大学院修士課程を修了したという学位です**。同じように、経営を学ぶ中小企業診断士は国家資格ですが、MBAは資格ではありません。

MBAは、企業経営を科学的に学ぶ教育コースです。経営学の研究者や学者ではなく、企業の経営者や、経営コンサルタントなど、企業経営を実践する立場の人々を育成することに、重きをおいています。

日本では、国立大学では神戸大学がはじめてで、大学院研究課程や専門職大学院などのビジネススクールと呼ばれる教育機関で、MBAのカリキュラムが提供されています。

MBAには、AACSB、AMBA、EQUIS、EPASなど、MBA教育の質を担保する、複数のMBA認証機関が存在します。日本国内におけるMBAスクールのいくつかも、海外のMBA認証機関の認証を取得しています。

MBA取得では、国内のビジネススクールで学ぶケースと海外留学をするケースがあります。国内ビジネススクールでも100万円以上数百万円、海外留学の場合は数千万円かかるケースもあります。

MBAは、経営学を学べるうえに、**ビジネススクールに通う仲間たちとの人脈を築くことができるというメリット**があります。特に、海外留学でMBAを取得した場合には、国内のビジネススクールでは得難い貴重な人脈を得ることができるでしょう。

しかし、MBAを取得したからといって、即、経営に関わることができるわけではありません。

一般論ではありますが、日本企業ではMBA取得者に対する評価が高くないケースもあります。「MBAを取得しているから、企業に入社して、すぐに経営に携われる」と考えるのであれば、それは間違いです。

MBAはとても人気のある学位ではありますが、MBAを取得したことに甘んぜず、MBAで得た知識と知恵を積極的に活用する姿勢が大切です。

「MBAを持っている＝経営者になれる」わけではないのだ！

03 ··· KPI

目標の進捗を観察し、課題を可視化する

　KPI は、「Key Performance Indicator」の頭文字を取ったもので、重要業績評価指標、つまり**目標の達成度合いを数値などで可視化したもの**です。

　どんな会社でも、「売上＊＊億円」「成長率30% UP」などといった具体的な目標を掲げています。

　例えば、このように売上金額が具体的な目標だった場合、「売上だけを追いかければ良い」のでしょうか。

　目標を達成するためには、必ず過程があります。例えば、売上の場合は、「問い合わせ数の増加」「CM 放送回数の増加」「生産数の増加」などです。

　過程を把握せず目標（この場合は売上）だけを追いかけていると、課題を見逃してしまうことがあります。結果とし

て目標が達成できないということにもなりかねません。そのため、目標を達成するために必要な指標をピックアップし、目標の達成過程を観察する考え方が生まれました。

　KPI は、定量的、つまり数値で客観的に表現できるものが望ましく、測定が困難、もしくは測定することに手間がかかるような KPI は望ましくありません。また、いたずらに KPI を増やすのも考えものです。KPI を把握する目的のために、必要な本来の業務が疎かになるのは本末転倒と言わざるを得ないからです。

　企業の業績をアップするための目標管理手法である MBO（→ P174参照）や OKR（→ P175参照）は、進化しています。KPI も、そのひとつなのです。

▶IKADE 食品株式会社における KPI の例

生産部門の KPI
生産数、15% アップ

宣伝部門の KPI
CM 放送回数、5回＠1日

営業部門の KPI
問い合わせ数、15% アップ

売上目標
8,000 万円

KPIは役に立ちますが、増やしすぎると
管理に手間がかかってしまいます

04 ··· エスディージーズ SDGs

より良い世界を目指すための17の目標

SDGsとは、「Sustainable Development Goals」の頭文字を取ったもので、「持続可能な開発目標」と訳されます。2015年9月に行われた国連サミットにおいて、**全世界が2030年までに達成すべき目標**として、掲げられました。

SDGs は下の図表にある大きな17の目標と、それぞれを達成するための取り組みの具体例、つまりターゲットで構成されています。

SDGs が対象としているのは、世界中のありとあらゆる国で、地球上の「誰一人取り残さない（leave no behind）」を掲げています。

皆が、自分のできることを1つずつ行い、その結集として世界全体の貧困や格差、気候変動などの課題に立ち向かい、より良い世界を実現することを目指しているのです。

企業も社会の一員である以上、より良い世界を実現するために貢献しなければならないと考え、自社の事業などを絡めてやりやすいところから SDGs に取り組む企業が増えてきています。

SUSTAINABLE DEVELOPMENT GOALS

05 ▸▸▸ 働き方改革とワーク・ライフ・インテグレーション

より良い将来をつかみ取るための方策と考え方

「働き方改革」というと、残業時間削減が大きくフィーチャリングされがちですが、残業時間削減は、あくまで働き方改革を実現するための手段のひとつ。間違いではありませんが、目的そのものではない、ということは理解しておくべきでしょう。

日本社会は大きな転換期を迎えています。少子高齢化に伴う生産年齢人口の減少は避けがたい未来であり、日本企業の特徴であった、終身雇用制度は維持が難しくなっています。このままでは、そう遠くない将来、日本の経済力が下がり、国際競争力を失っていくのは目に見えています。

これを防ぐための方策のひとつが、働き方改革です。

働き方改革は、日本社会が課題を克服し、より良い将来をつかみ取るためのものです。そのための具体的な方策として、「イノベーションによる生産性向上」「就業機会の拡大」「意欲・能力を発揮できる（職場）環境づくり」という3つを挙げています（下図）。

また、育児や介護、もしくは障がいなどの事情によって、思うように働けない人に対して、**労働する機会を提供する**ことにも注目しています。

さらに、「仕事よりも家族やプライ

▶働き方改革とは

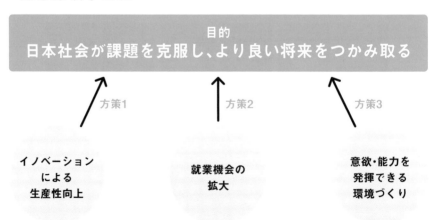

ベートを大切にしたい」といった、**信条や考え方を実現するための多様な働き方を実現できる社会**も、働き方改革が目指す社会なのです。

厚生労働省の働き方改革に対する説明では、以下のような一文があります。

「成長と分配の好循環を構築し、働く人一人ひとりがより良い将来の展望を持てるようにすることを目指します」

私たちが、明るい未来をつかむためには、成長（スキルアップ）と分配（収入の向上）が必要です。

そこで注目されているのが、ワーク・ライフ・インテグレーション（WLI）です。WLI は、**仕事とプライベート双方を充実させることで、スキルアップや生産性向上など、人生の質を向上させる概念。**

WLI に似た概念として、ワーク・ライフ・バランス（WLB）があります。WLB は、仕事と生活の適切な調和を目指す概念ですが、仕事とプライベートを分離して考えることは正しいのでしょうか。

考えてみてください。一般的な社会人は、1 日8時間、週に5日間働いています。人生の大きな割合を仕事が占めるのです。その仕事が苦痛に満ちたものであれば、プライベートにも影響が出るのは当然でしょう。

これは、逆もしかりです。やりがいに満ちた仕事であれば、きっとプライベートも充実することでしょう。そして、プライベートの充実は、仕事にも反映されます。

真の働き方改革を実現するためには、WLI で目指すところ、つまり仕事もプライベートも総体的に充実させる取り組みが必要なのかもしれません。

▶ ワーク・ライフ・インテグレーションのイメージ

仕事への活力につながる → 仕事ができる → 高収入が得られる → クオリティの高い生活の実現 → 友人や家族とのプライベートも充実 → （仕事への活力につながる）

06 ··· VUCA

これまでの常識や定石が通じない時代の始まり

VUCA（ブーカ）は、Volatility（変動性）、Uncertainty（不確実性）、Complexity（複雑性）、Ambiguity（曖昧性）の頭文字を取った言葉で、**現代社会を表す造語**です。

経済や政治など、ありとあらゆるものが刻一刻と変化し（Volatility）、複雑なカオスと化している（Complexity）今の時代において、これまでの事例や知見が参考にならないような想定外の事象（Uncertainty）が次々と発生していることから、将来が予測困難な状態（Ambiguity）にあるのだ、という状態を指しています。

VUCA の原因のひとつと考えられているのは、スピードです。社会が熟成し、技術や文化が高度に発展した今、これまでと比べると変化のスピードが格段に速いのです。

例えば、18世紀に発明され、250年をかけて発展してきた自動車は、これまでにない大きな変革のときを迎えています（→ P25参照）。

自動運転自動車は、旧来の自動車メーカーではなく、Google や Uber といった IT 企業がリードしています。2025年から2040年にかけて、先進各国で施行予定のガソリン車、ディーゼル車の販売禁止は、電気モーター技術やバッテリー技術を持つ企業が、自動車産業の次の担い手となる可能性を示しています。

社会情勢の変化やイノベーション（→ P90参照）による新技術の台頭が、旧来のビジネスモデルを破壊し、これまでの主人公たちを駆逐し、取って代わり始めているのです。

では、VUCA の時代に生きる私たちにはどのようなスキル、どのような心がまえが必要なのでしょう？

残念ながら、これに対する明確な答えはありません。なにしろ、VUCA は始まったばかりですから、皆がまだ模索中なのです。

ただし、現状や自身の専門分野に甘んじるのではなく、幅広い知識や知見を身につけるように、向上心を持って努力し続けることが、個人にも組織にも求められると考えられています。

「これで大丈夫！」ではなく、「これで本当に大丈夫なのかな？」と思うことができる、柔軟な心と感受性の幅が必要である、ということです。

ビジネスや経営学も、時代に合わせてしなやかに変わっていく必要があります。

本書の主な登場人物

舞台は中堅飲料水メーカーの、IKADE食品株式会社。お茶を中心にヒット商品を持つ、堅実な企業です。営業部を中心に、経営学のメソッドを使いながら、着実に仕事の実績を上げ、個人も成長していくストーリーです。彼らと一緒に経営学とビジネスを学んでいきましょう。

IKADE食品株式会社 社員数180人 うち営業部員30人

烏賊出社長

2代目社長。先代である父親は、母（烏賊出社長にとっては祖母）の健康のために、お茶を中心とした飲料水メーカーを立ち上げた。専務は娘、会長は母の家族経営企業。

専務

会長

営業部

部長

30人の営業部を束ねるトップでありながら、今ひとつ頼りない。デキる秋葉さんが頼り。おとぼけ新人の新田君と本気で喧嘩することもあるが、社長にきちんとものが言える一面もある。

秋葉さん

営業部のなかでもマーケティングを主に担当している。大学では経営学を学び、実務に活かすキャリア。ひとり暮らしだがこっそりネコを飼っている。ヨガが趣味。

新田君

新卒でIKADE食品に入社した、期待の新鋭……ではあるが、性格的にかなりおとぼけ。それでも秋葉さんに教えられ、部長に叱られ、たくましく成長していく。経営学を絶賛勉強中。

経理部部長

「経理のIKADE」と呼ばれるようになった立役者。社長も頭が上がらない。

製造部部長

物量作戦に負けやすい。「備えあれば憂いなし」が座右の銘の、心配性。

工場長

心優しきラインの長。社長が思いつきで企画する「変なお茶」にいつも悩まされている。

第 1 章

会社のしくみ

「企業」つまり会社は、利潤を追求するために存在しますが、決して私利私欲を満たすだけの存在ではありません。会社の役割を正しく知れば、社会貢献のためのしくみでもあることが理解できます。

永続的に動く組織

株式というシステムと、官僚制の考え方は、現代の資本主義を支えています。どちらも賛否両論ありますが、人はこうして「経営する」「働く」というスタイルを確立させていったのです。

01 | 株式会社

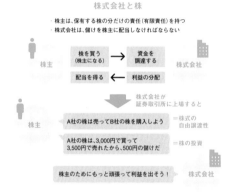

株式会社と株
・株主は、保有する株の分けの責任(有限責任)を持つ
・株式会社は、儲けを株主に配当しなければならない

株主 — 株を買う(株主になる) → 資金を調達する — 株式会社
配当を得る ← 利益の分配

株式会社が証券取引所に上場すると

株主 — A社の株は売ってB社の株を購入しよう　=株式の自由譲渡性
A社の株は、3,000円で買って3,500円で売れたから、500円の儲けだ　=株の投資
株主のためにもっと頑張って利益を出そう!　株式会社

株式会社は、株主の利益も考え、事業を拡大し、利益を出し続ける必要があります

企業が事業を行うためには、資金が必要となります。その資金を調達するための証明書が株式です。株式を購入した人を株主といい、資金額に相当する責任が発生します。

02 | 官僚制組織

組織の基本
分業　調整
権限:職務、権限、責任が一人ひとり定められていること　規則遵守:ルールやマニュアルに従うこと

組織運用の方法論
階層構造　文章主義
上位下達の指揮命令系統をもつこと　ルールやマニュアルは、文章化されていること

官僚制組織
ただし、行きすぎた官僚制組織は「逆機能」と呼ばれる課題を引き起こす

「お役所的」と批判されることもある官僚制ですが、実は組織を上手に動かすための考え方の根本をなすものです。組織の基本と組織運用の方法論で構成されます。

さまざまな企業の形

ある会社で行われる事業は、必ずしも1つではありません。多角化といい、儲けるチャンスを増やすほか、メインの事業が立ち行かなくなったときのリスクヘッジとも。ホールディングス制もリスクヘッジのひとつです。

03 ┃ 多角化

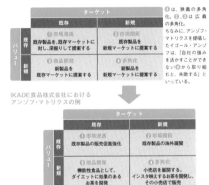

アンゾフ・マトリクス
企業の多角化戦略を整理するための考え方

		ターゲット	
		既存	新規
バリュー	既存	**❶市場浸透** 既存製品を、既存マーケットに対し、深掘りして提案する	**❷市場開拓** 既存製品を新規マーケットに提案する
	新規	**❸商品開発** 新製品を既存マーケットに提案する	**❹多角化** 新製品を新規マーケットに提案する

❹は、狭義の多角化。❷、❸は広義の多角化。
ちなみに、アンゾフ・マトリクスを提唱したイゴール・アンゾフは、「自社の強みを活かすことができない❹から取り組むと、失敗する」といっている。

IKADE食品株式会社におけるアンゾフ・マトリクスの例

		ターゲット	
		既存	新規
バリュー	既存	**❶市場浸透** 既存製品の販売促進強化	**❷市場開拓** 既存製品の海外展開
	新規	**❸商品開発** 機能性食品として、ダイエットに効果のあるお茶を開発	**❹多角化** 小売店を展開する。インスタ映えするお茶を開発し、その小売店で販売

大きく分けると、既存の得意分野を広げる方法と、新たな分野に乗り出していく方法の2パターンがあります。メリット・デメリットがあるので、慎重に判断しましょう。

04 ┃ ホールディングス制

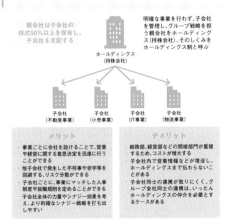

親会社は子会社の株式50％以上を保有し、子会社を支配する

明確な事業を行わず、子会社を管理し、グループ戦略を担う親会社をホールディングス(持株会社)、そのしくみをホールディングス制と呼ぶ

ホールディングス(持株会社)

子会社(不動産事業)　子会社(小売事業)　子会社(IT事業)　子会社(物流事業)

メリット
・事業ごとに会社を設けることで、営業や経営に関する意思決定を迅速に行うことができる
・他子会社で発生した不祥事や赤字等を回避する、リスク分散ができる
・子会社ごとに、事業にマッチした人事制度や就職規則を定めることができる
・子会社全体の力量やシナジー効果を考え、より的確なシナジー戦略を打ち出しやすい

デメリット
・総務部、経営部などの間接部門が重複するため、コストが増大する
・子会社内で営業情報などが埋没し、ホールディングスまで伝わらないことがある
・子会社同士の連携が取りにくく、グループ会社同士の連携は、いったんホールディングスの仲介を必要とするケースがある

いわば、持株会社制度のこと。メインの事業を持たずに子会社を支配する存在です。子会社が多ければそれだけリスク分散が可能になります。

新しさを生む取り組み

できるだけ大きな会社で安定した利益を追求するのか、新しく勢いのある事業でひと山当てるのを狙うのか——。どちらのスタイルにも、魅力があります。また、得意分野をお互いで補い合う形態もあります。

05 | ベンチャー企業

中小企業とベンチャー企業、スタートアップ企業の関係

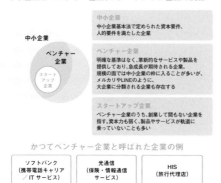

中小企業
中小企業基本法で定められた資本要件、人的要件を満たした企業

ベンチャー企業
明確な基準はなく、革新的なサービスや製品を提供しており、急成長が期待される企業。規模の面では中小企業の枠に入ることが多いが、メルカリやLINEのように、大企業に分類される企業も存在する

スタートアップ企業
ベンチャー企業のうち、創業して間もない企業を指す。資本力も弱く、製品やサービスが軌道に乗っていないことも多い

かつてベンチャー企業と呼ばれた企業の例

| ソフトバンク（携帯電話キャリア／ITサービス） | 光通信（保険・情報通信サービス） | HIS（旅行代理店） |

定義は少々あいまいですが、「新しい事業に取り組む若い会社」くらいのイメージ。自由で明るく、勢いのある会社が多いが、安定するまでは大変なことも多い。

06 | 業務提携

販売提携
販路の共有やコラボ商品の開発など

IKADE食品の例
弁当メーカーと組んで、弁当とお茶のセット販売を行う

生産提携
生産ラインの共有や材料の共同調達など

IKADE食品の例
お茶の増産のため、他企業の生産ラインを借りる

技術提携
商品開発、生産、品質など業務に必要な技術を、共同開発したり、技術供与したりする

IKADE食品の例
お茶を利用したスナック菓子開発のため、お菓子メーカーにノウハウを求める

物流提携
物流センターを共同経営したり、製品を一緒に輸送したりする

IKADE食品の例
お茶の出荷トラックに、他社製品を共同配送する

人材交流
教育や情報交換のため、お互いの社員同士を交流させる

IKADE食品の例
新入社員の導入研修を、他社と共同で行う

資本提携
出資を伴う業務提携のこと。合弁会社設立や資本参加、もしくは経営統合や合併につながることもある

IKADE食品の例
弁当会社との合弁会社を設立するなどして、販売提携を強化する

スキルやテクニックを独占するのではなく相手に提供する代わりに、自社の弱みを補う考え方。事業を広げると同時に、リスクを減らすことができる。

企業という社会的な存在

利益を追求しながらも社会的貢献をすべき企業という存在。特に企業のトップが会社を私物化しないように、コーポレートガバナンスという考え方も生まれています。

07 CSRとCSV

CSRとCSV、それぞれの定義と関係

CSR（Corporate Social Responsibility 企業の社会的責任）とは

企業は、利益を追求するだけでなく、企業が行う事業活動が、社会に対して与える影響と、ステークホルダー（顧客、取引先、社員、株主など、企業に関係するすべての人）からの期待やニーズに応えるための意思決定に対し、責任を持つという考え方

CSV（Creating Shared Value 共有価値の創造）とは

企業が事業活動を行い、利益を得ながら、社会貢献を行い（社会的価値）、同時に企業価値も高めていくこと

CSR活動の例

- 環境保護・植林活動
- 文化支援
- スポーツ支援
- 女性の地位向上活動
- 被災地支援
- など

CSV活動の事例（IKADE食品株式会社）

「茶産地育成事業」
- 契約栽培
  蟹田農園が栽培した茶葉をすべて買い取る
- 新産地事業
  耕作放棄地の茶畑化に対し、技術やノウハウの提供を行い、収穫された茶葉をすべて買い取る

IKADE食品株式会社は、天候等に左右されがちな茶農家の経営をサポートし、社会貢献と企業イメージのアップを得つつ、安定した茶葉の調達を実現している。

企業と社会の関係を表す用語です。CSRだけでなく、自社の利益もきちんと考えるべきだということで、CSVと呼ばれる活動が注目されています。

08 コーポレートガバナンス

企業の経営者

別荘がほしいなぁ。借金も返したい。……会社のお金を使ってしまえ！

経営者の利益と株主の利益は、必ずしも一致しない

社長！そんなことしちゃダメです

ステークホルダー（株主など）

- 会社は経営者のものではなく、株主のものである
- 企業の非倫理的・非人道的な行動を抑止すべきである

企業は、企業価値向上に努め、株主に対する利益還元の最大化を目指すべき

コーポレートガバナンス
（企業統治）

会社が暴走しないためのしくみや考え方。不正を正すだけでなく、利益を最大化するための行動がとれているかも監視します。

01 株式会社

よくあるビジネスのシーン

将来のビジョンを聞かれ「将来は社長になりたい！」と答えた新人・新田君。しかし、「株」についてよく知らなかったようです。会社を起こし、事業を始めるためには、資金が必要ですが、手持ちのお金では足らない場合、増やす、集めるために株式のしくみを利用します。株式会社は、資金を集める手段のひとつなのです。

基礎知識

株を購入してもらい
資金を調達する

株式会社とは、**発行した株式（株）を株主に購入してもらって、資金を調達する会社形態のひとつ**です。

ほかの調達方法としては、銀行などから借金をする方法もありますが、借金は返さなければなりません。

株による調達の場合、返済の必要はありません。ただし、代わりに株の購入者（株主）に対し、**儲けを分配**しなければなりません。これを**配当**といいます。

01 株式会社

株式会社と株

- 株主は、保有する株の分だけの責任（有限責任）を持つ
- 株式会社は、儲けを株主に配当しなければならない

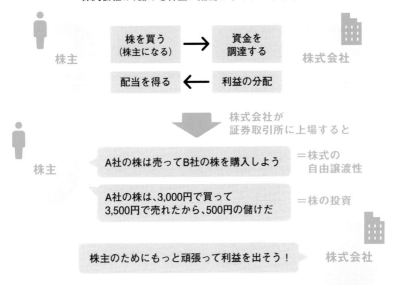

株式会社は、株主の利益も考え、事業を拡大し、利益を出し続ける必要があります

　株主は、配当による利益のほか、**所有する株を売買する**ことができます。株を売買するためにあるのが、マザーズや東証一部などの証券取引所です。

　株式会社は、**事業を拡大し、利益を出すことで、株価を安定維持、もしくは上昇させなければなりません**。株価が下がると、資金の調達ができなくなり、最悪、倒産など、事業停止に追い込まれてしまいます。

関連ワード **もの言う株主**
株主は、経営に対する発言権を持ちます。
日本国内における株主の多くは、発言に消極的でした。
それに対し、積極的に発言し、経営課題等を指摘する株主のことを、こう呼びます。

02 官僚制組織

IKADE食品株式会社にもルールがあります。社内ルールを守らなかった新田君は、部長に怒られてしまいました。でも、それも当然。社員が各自好き勝手なことを始めれば、会社のような大きな組織を効率的に運用することができなくなってしまいます。硬直的な印象の官僚制組織ですが、永続的・効率的な運用のために生み出されたものです。

基礎知識

組織として
成り立つためのルール

官僚制とは、職務の分業、規則の明確化、階層構造など、**大きな組織を効率的に動かすための方法論**全般を指します。

組織の行う**業務品質の標準化（＝つまり、誰がやっても同じようにこなせること）をはかる**こともできます。

ただし、官僚制は厳しくしすぎると組織がこり固まり、柔軟で適切な判断ができなくなってしまうことがあるので、注意が必要です。

02 官僚制組織

組織の基本		組織運用の方法論	
分業	**調整**	**階層構造**	**文章主義**
権限:職務、権限、責任が一人ひとり定められていること	規則遵守:ルールやマニュアルに従うこと	上位下達の指揮命令系統をもつこと	ルールやマニュアルは、文章化されていること

官僚制組織

ただし、行きすぎた官僚制組織は
「逆機能」と呼ばれる課題を引き起こす

　官僚制組織は、現代社会における会社組織の基礎となっています。社会・経済学者のマックス・ウェーバーは、官僚制組織は「合法的支配のためのしくみ」であり、「優れた機械のような技術的卓越性がある」と主張しました。

　しかし、行きすぎた官僚制組織は、無機的なマニュアル対応や、責任逃れを生みます。これを**官僚制の逆機能**といいます。

　優れた官僚制組織も、顧客満足度や業務の目的を忘れると、組織の効率性を落としてしまうのです。

関連ワード　有機的組織
　官僚制組織の反省を踏まえ、「ルールや階層が少なく」「チーム単位」で、「水平方向のコミュニケーション」を大切にした「共通のタスクを持つ」組織のこと。ただし、官僚制組織を必ずしも否定するものではありません。

03 多角化

売上拡大のための
何か新しい案
ありませんか？

「多角化」
しましょう！

ビシッ

お茶の製造だけじゃなく、
小売店を開きましょう！
インスタ映えを狙って、
色とりどりの
お茶を売るんです！

映える♪

映える♪

下心
ダダ漏れだ
ワ……

わかりやすいね〜

ムフフ♡

よくあるビジネスのシーン

IKADE 食品株式会社営業部では、営業会議中。新田君は、お茶メーカーである IKADE 食品が、小売店経営も行うことを提案しました。
IKADE 食品株式会社のように、本業以外のさまざまな事業を行うことを、多角経営といい、ビジネスチャンスを広げるために多角経営に乗り出すことを「多角化」といいます。

基礎知識

本業以外の事業に幅広くチャレンジする

多角化とは、収益拡大を目的に、企業が本業以外の事業に進出すること。自社の強みを活かし、本業に近い別事業を開始する多角化もあれば、それまでとはまったく別の産業に進出する多角化もあります。

多角化は本業に近い分野ほど成功しやすいともいわれており、どんな分野に進出するかは、慎重に検討する必要があります。

03　多角化

アンゾフ・マトリクス
企業の多角化戦略を整理するための考え方

		ターゲット	
		既存	新規
バリュー	既存	❶市場浸透 既存製品を、既存マーケットに対し、深掘りして提案する	❷市場開拓 既存製品を新規マーケットに提案する
	新規	❸商品開発 新製品を既存マーケットに提案する	❹多角化 新製品を新規マーケットに提案する

❹は、狭義の多角化。❷、❸は広義の多角化。
ちなみに、アンゾフ・マトリクスを提唱したイゴール・アンゾフは、「自社の強みを活かすことができない❹から取り組むと、失敗する」といっている。

IKADE食品株式会社における
アンゾフ・マトリクスの例

		ターゲット	
		既存	新規
バリュー	既存	❶市場浸透 既存製品の販売促進強化	❷市場開拓 既存製品の海外展開
	新規	❸商品開発 機能性食品として、ダイエットに効果のあるお茶を開発	❹多角化 小売店を展開する。インスタ映えするお茶を開発し、その小売店で販売

　多角化とともに考える必要があるのが、**シナジー効果（相乗効果）**です。

　例えば、鉄道会社が不動産やバス事業に進出するのは、新たな鉄道路線の提供によって生まれた住宅や移動経路の提供であり、上図❸「商品開発」の延長にあたります。既存事業に対し、**援護射撃が行える新規事業を組み合わせることで、さらなる収益の拡大を目指す**ことができるのです。

　シナジー効果のおもしろいところは、**「1＋1＝2」以上の効果**が見込める点です。鉄道会社の例でいえば、住宅やバスを提供することで、「住みやすい街」「交通至便な街」という評価につながり、本業である鉄道事業の価値も向上する可能性が高くなります。

04 ホールディングス制

新田君は、最近よく耳にする会社名の
あとにつく「ホールディングス」の意
味がわかりません。どうやら親会社と
持株会社の違いから説明しないとなら
ないようです。

ホールディングス制を採用した持株会
社とはいったいどういった会社で、従
来からある親会社とは、いったいどこ
が違うのでしょうか。

基礎知識

経営指導を行う
企業グループの長

　ホールディングス制とは、親会社が
事業を持たず**子会社に対する経営指導
だけを行う、企業グループ**の経営形態
です。従来の親会社は事業を行います
が、ホールディングス制の親会社は**持
株会社**と呼ばれます。

　戦後の財閥解体によって禁止されて
いたホールディングス制ですが、
1997年の法改正で再び認められるよ
うになりました。

04 ホールディングス制

**ホールディングス
（持株会社）**

親会社は子会社の
株式50％以上を保有し、
子会社を支配する

明確な事業を行わず、子会社
を管理し、グループ戦略を担
う親会社をホールディング
ス（持株会社）、そのしくみを
ホールディングス制と呼ぶ

子会社	子会社	子会社	子会社
（不動産事業）	（小売事業）	（IT事業）	（物流事業）

メリット

- 事業ごとに会社を設けることで、営業
や経営に関する意思決定を迅速に行う
ことができる
- 他子会社で発生した不祥事や赤字等を
回避する、リスク分散ができる
- 子会社ごとに、事業にマッチした人事
制度や就職規則を定めることができる
- 子会社全体の力量やシナジー効果を考
え、より的確なシナジー戦略を打ち出
しやすい

デメリット

- 総務部、経営部などの間接部門が重複
するため、コストが増大する
- 子会社内で営業情報などが埋没し、
ホールディングスまで伝わらないこ
とがある
- 子会社同士の連携が取りにくく、グ
ループ会社同士の連携は、いったん
ホールディングスの仲介を必要とす
るケースがある

　ホールディングス制は、企業グループ全体の舵とりがしやすくなるため、さまざまな事業に取り組む**子会社を複数持つ多角経営企業では、メリットを受けやすくなります**。

　ただし、グループ内の営業情報や経営情報は、ホールディングスに一元集中しがちです。

　そのため、**子会社同士の連携が取りにくく、グループ全体における、情報交流、人的交流などの妨げになる**ケースもあります。

　なお、ホールディングスが収益を上げる方法は、子会社からの配当を受け取る、ブランドや商標・特許などを子会社が利用する際の利用料（ロイヤルティ）を徴収する、などの方法があります。

05 ベンチャー企業

よくあるビジネスのシーン

IKADE食品株式会社に、あるベンチャー企業が提案にやってきました。創業から間もない会社で、そのアイデアや発想力、技術力には、IKADE食品営業部のメンバーも、驚いています。

ところで、ベンチャー企業をきちんと理解していますか。新田君もカンちがいしているようです。ベンチャーとはどんな企業をいうのでしょうか。

基礎知識

既存の企業にはない
武器をもって進出

　ベンチャー企業とは、既存の企業にはない革新的な技術やアイデアを武器に、急成長を遂げていくことが期待される若い企業のことです。

　といっても、明確な定義があるわけではありません。かつては創業間もない企業という意味合いもありましたが、近年、こういった会社はスタートアップ企業と呼ばれ、区別されるようになりました。

05 ベンチャー企業

中小企業とベンチャー企業、スタートアップ企業の関係

中小企業
中小企業基本法で定められた資本要件、
人的要件を満たした企業

中小企業

**ベンチャー
企業**

スタート
アップ
企業

ベンチャー企業
明確な基準はなく、革新的なサービスや製品を
提供しており、急成長が期待される企業。
規模の面では中小企業の枠に入ることが多いが、
メルカリやLINEのように、
大企業に分類される企業も存在する

スタートアップ企業
ベンチャー企業のうち、創業して間もない企業を
指す。資本力も弱く、製品やサービスが軌道に
乗っていないことも多い

かつてベンチャー企業と呼ばれた企業の例

ソフトバンク（携帯電話キャリア／ITサービス）	光通信（保険・情報通信サービス）	HIS（旅行代理店）

　ベンチャー企業としてスタートし、急成長を遂げて、大企業へと育った企業も多数存在します。急成長の理由はいくつかありますが、大きくは、以下の3つの傾向が見られます。

- 組織が小さく、小まわりが利いたため、**迅速な経営判断で市場を勝ち抜いた**
- 独創的なサービスや製品を取り扱ったため、**競合が少ないマーケットで大成功を収めた**。いわば、一人勝ち
- 株式上場によって新たな資金を獲得し、事業拡大を行えた

　なお、かつてのベンチャー企業のなかには、ベンチャーキャピタルと呼ばれる投資ファンドを設立し、スタートアップ企業やベンチャー企業を支援する側に回った企業もあります。

業務提携

IKADE食品株式会社の営業部は、30人の規模。社長に、「営業が弱い」と言われてしまったので、数字を上げることをいろいろな方面から模索しなければなりません。

とはいえ、自分たちだけで何とかしなければならない、ということはありません。足りない部分は、企業同士で支え合う業務提携も可能です。

基礎知識

お互いに補い合い さらなる業務拡大を目指す

業務提携とは、企業同士が業務を協力して行うことで**お互いの足りない部分を補完したり、さらなる収益拡大を目指したりする**ことを指します。

生産、技術開発、販売、物流、人材交流などが業務提携を行うことが多いようです。なお、お互いの会社に出資し合ったり、合弁会社をつくったりなど、**資本の移動を伴う提携を資本提携と呼びます。**

06 業務提携

販売提携

販路の共有やコラボ商品の開発など

IKADE食品の例
弁当メーカーと組んで、弁当とお茶のセット販売を行う

生産提携

生産ラインの共有や材料の共同調達など

IKADE食品の例
お茶の増産のため、他企業の生産ラインを借りる

技術提携

商品開発、生産、品質など業務に必要な技術を、共同開発したり、技術供与したりする

IKADE食品の例
お茶を利用したスナック菓子開発のため、お菓子メーカーにノウハウを求める

物流提携

物流センターを共同経営したり、製品を一緒に輸送したりする

IKADE食品の例
お茶の出荷トラックに、他社製品を共同配送する

人材交流

教育や情報交換のため、お互いの社員同士を交流させる

IKADE食品の例
新入社員の導入研修を、他社と共同で行う

資本提携

出資を伴う業務提携のこと。合弁会社設立や資本参加、もしくは経営統合や合併につながることもある

IKADE食品の例
弁当会社との合弁会社を設立するなどして、販売提携を強化する

業務提携は、**企業同士がお互いの強みや弱みを理解したうえで、相互に補い、もしくは強化し合うことで、収益の拡大を目指す**方法です。

ただし、業務提携を行うことで、情報漏えいや取引先を奪われるリスクも生まれます。また、期待したほどの効果が出ないケースもあり得ます。業務提携に際しては、**リスクやデメリットもあらかじめ想定しておく**必要があります。

関連ワード **OEM（Original Equipment Manufacture）**
他社ブランドの製品を製造したり、他社製品を自社ブランドで販売したりすること。後者の場合、自社製品ラインナップに足りないアイテムを他社から調達することで、製品ラインナップを充実させることができる。

07 CSR と CSV

よくあるビジネスのシーン

IKADE 食品株式会社の鳥賊出社長は、毎朝、会社エントランスを中心に周辺の道路まで含めてひととおり掃除をします。確かに、地域清掃は、企業の地域社会への貢献活動としてよく見受けられます。では、なぜ企業は社会貢献を行う必要があるのでしょうか。企業は、利益を出せばいいのではないか？新人・新田君は悩んでいます。

基礎知識

社会を良くしつつ
利益も追求する考え方

企業は、利益を追求しつつ、**社会を構成する一員として、社会を良くするために貢献**しなければなりません。これが CSR（企業の社会的責任）です。

しかし、社会貢献活動と本来の事業活動が分離していると、前者が利益を消費する場となってしまいます。そこで、**事業活動を行いながら利益も追求する方法論**として、CSV（共有価値の創造）が生まれました。

07 CSR と CSV

CSRとCSV、それぞれの定義と関係

CSR(Corporate Social Responsibility／企業の社会的責任)とは

企業は、利益を追求するだけでなく、企業が行う事業活動が、社会に対して与える影響と、ステークホルダー(顧客、取引先、社員、株主など、企業に関係するすべての人)からの期待やニーズに応えるための意思決定に対し、責任を持つという考え方

CSV(Creating Shared Value／共有価値の創造)とは

企業が事業活動を行い、利益を得ながら、社会貢献を行い(社会的価値)、同時に企業価値も高めていくこと

CSR活動の例

- 環境保護・植林活動
- 文化支援
- スポーツ支援
- 女性の地位向上活動
- 被災地支援

など

CSV活動の事例(IKADE食品株式会社)

「茶産地育成事業」

- 契約栽培
  蟹田農園が栽培した茶葉をすべて買い取る
- 新産地事業
  耕作放棄地の茶畑化に対し、技術やノウハウの提供を行い、収穫された茶葉をすべて買い取る

IKADE食品株式会社は、天候等に左右されがちな茶農家の経営をサポートし、社会貢献と企業イメージのアップを得つつ、安定した茶葉の調達を実現している。

　企業による不祥事が後を絶ちませんが、これは、自分たちのことしか考えていない企業が、不正に利益を追求した結果であるともいえます。企業が不祥事を起こせば、お客様や仕入先、社員、株主だけでもなく、社会にも悪影響を与えてしまいます。

　利益を追求するだけでは、企業としてはダメです。CSR と CSV は、**成熟した現代社会において、企業が自らを律し、社会に対して貢献するためのプラットフォーム**なのです。

関連ワード　**コンプライアンス**
日本語訳は「法令遵守」。法令だけではなく、社会規範や企業倫理(モラル)など、企業が守るべきルールそのもの、
もしくはルールを守るための取り組みを指します。

企業を監視することにもメリットとデメリットがある

コーポレート ガバナンス

悪いことしちゃう社長って、後を絶ちませんよね。××社長、金品受け取り問題…防げないんでしょうか？

最近では、「コーポレートガバナンス」が浸透して、企業経営を監視するしくみが整備されつつあるわ

うちも社長の行動を監視しないとっ！ コソ〜…

社長っ！来客用のお菓子、食べちゃダメですよ！ いいから！君は自分に集中しなさい！ キャッ！！

よくあるビジネスのシーン

頻発する企業の不祥事事件。ニュースに憤慨した新人の新田君、「コーポレートガバナンス」という言葉を知って、社長を監視し始めてしまいました——。企業が不祥事を起こすと、株価が下落し、株主が被害を受けます。企業の暴走を防ぎ、株主等の利益を守らなければなりません。そのしくみをコーポレートガバナンスといいます。

基礎知識

株主が企業を監視、監督する

コーポレートガバナンス、つまり企業統治の基本となるのは、「会社は経営者ではなく、株主のものである」という考え方です。

企業が、不正行為を行わず、不祥事を起こさずにいるだけでなく、売上の向上や収益力の改善などの企業努力を通じ、株主の利益を最大化するための行動をとっているかどうかを監視するしくみを指します。

08 コーポレートガバナンス

企業の経営者

ステークホルダー
（株主など）

別荘がほしいなぁ。
借金も返したい。
……会社のお金を
使ってしまえ！

経営者の利益と
株主の利益は、
必ずしも
一致しない

社長！
そんなことしちゃ
ダメです

- 会社は経営者のものではなく、株主のものである
- 企業の非倫理的・非人道的な行動を抑止すべきである

企業は、企業価値向上に努め、株主に対する利益還元の最大化を目指すべき

コーポレートガバナンス
（企業統治）

コーポレートガバナンスは、どうやって行われるのでしょう？
- 倫理規定などをルール化し、社内外に周知する
- 内部通報のしくみを作る（窓口を用意する）
- 社外取締役、社外監査役など、外部人材を活用し、監視を強化する
- 経営者の選任／解任ができる

コーポレートガバナンスが健全に行われている企業に対しては、株主も安心して投資することができますし、企業イメージもアップします。これがコーポレートガバナンスのメリットです。しかし、監視機能が災いし、マーケットに合わせた経営判断が迅速に行えないケースもあります。また、株主を優遇するあまり、短期的な利益追求が優先し、長期的な投資や、事業育成ができなくなることもあり得ます。

第 **2** 章

経営戦略
分析ツール編

経営学の一分野である経営戦略には、市場分析や販売戦略の策定、顧客開拓が必要になります。このような戦略を立てるためには、正しい調査分析が必要になります。リサーチ・分析を行う経営学メソッドを紹介します。

自社の分析ツール

自分のことほどよくわからない――これは古今東西の真理ですが、会社は経営活動を行う社会的な存在ですから、「よくわからない」では済まされません。敵を知る前にまず己を知って、ビジネス戦略を立てます。

09 | 7S

7S は「ハードのS」3つと「ソフトのS」4つに分類されます

ハードのS
- 組織構造(Structure)
企業における組織構造であり、事業遂行を最適化できる組織構造になっていることが求められる
- システム(System)
企業における組織構造であり、事業遂行を最適化できる組織構造人事制度や評価制度など、会社のしくみのこと、行作業を加速できるしくみになっていることが求められる
- 戦略(Strategy)
企業が掲げる戦略であり、事業を推進するために適切な戦略を取っていることが求められる

ソフトのS
- スキル(Skill)
企業と社員の能力のこと、製造、品質管理、販売、マーケティング、製品力など、ありとあらゆる企業内の能力について、充実していることが求められる
- 人材(Staff)
社員一人ひとりの能力はもちろんだが、人数や教育方法も含めて、高い次元が求められる
- スタイル(Style)
経営スタイル、企業文化、社内慣行などが健全で、社員の能力を引き出すものになっていることが求められる
- 共有価値(Shared Value)
経営理念や社風、価値観などが、社員一人ひとりに理解され、浸透していることが求められる

「ハードのS」は経営者がコントロールしやすいが、「ソフトのS」は変えにくく、また変えようとするとある程度の期間を必要とするといわれています。「ソフトのS」は、企業を構成する社員一人ひとりの意識改革が必要だからです。

コンサルティング会社のマッキンゼー・アンド・カンパニーが考案した、7つの観点から見る組織の分析方法です。ハードのSとソフトのSに大きく分かれます。7つの項目はそれぞれリンクしています。

10 | 3C分析

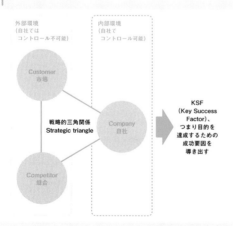

外部環境
(自社ではコントロール不可能)

内部環境
(自社でコントロール可能)

Customer
市場

Company
自社

Competitor
競合

戦略的三角関係
Strategic triangle

KSF
(Key Success Factor)、つまり目的を達成するための成功要因を導き出す

市場、競合、自社を分析して、自社がどのような相手とどう戦っていくのか、武器は何なのかを知る手法。7Sより、経営戦略にさらに一歩深く踏み込んだ分析となります。

弱みを知れば強みがわかる

次に、自社の強み、あるいは弱みをいろいろな角度から分析するツールを紹介します。弱みを補強するのか強みを伸ばすのかは、経営方針によっての変わります。

11 | SWOT分析
（スウォット）

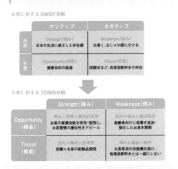

お茶に対するSWOT分析

	ポジティブ	ネガティブ
内部	Strength（強み） 日本の生活に根ざした存在感	Weakness（弱み） 古臭く、おしゃれ感に欠ける
外部	Opportunity（機会） 健康志向の風潮	Threat（脅威） 炭酸水など、他清涼飲料水の存在

お茶に対するTOWS分析

	Strength（強み）	Weakness（弱み）
Opportunity（機会）	機会×強み＝積極的攻勢 お茶の健康性を研究・解明し、お茶習慣の優位性をアピール	弱み×機会＝弱点強化 高齢者向けに栄養を追加・強化したお茶を開発
Threat（脅威）	強み×脅威＝差別化 炭酸×お茶の製品開発	弱み×脅威＝専守防衛 お茶用途の自販機を設け、他清涼飲料水とは一緒にしない

自社の強み・弱みと、市場におけるピンチ・チャンスを、それぞれ掛け合わせる分析方法です。これを知っていると、うまく時流に乗る戦略が立てられるようになるはずです。

12 | VRIO分析
（ブリオ）

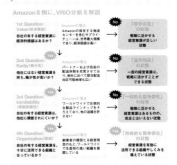

Amazonを例に、VRIO分析を解説

自社の強みを経済価値・稀少性・模倣困難性・組織の4つの観点から徹底的に解析する、実践的な分析ツールです。また、その強みを有効に使えているかどうかも判断することができます。

13 | バリューチェーン分析

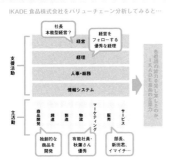

IKADE食品株式会社をバリューチェーン分析してみると…

会社の機能から強みを詳しく見ていく分析方法。自社だけではなく、ライバル会社の分析も可能です。機能ごとに分析することは、全体像の俯瞰にもつながります。

どこで戦うべきか

たくさんの競合がいる中で相手の盲点をついて勝つのか、それとも最初から競合のいないところで、唯一無二の存在となるのか。どちらも「戦いの場」、つまり外部環境を分析する経営戦略メソッドです。

14 | ブルー・オーシャン戦略

ブルー・オーシャン戦略

増やす
製品・サービスが持つ機能や特性を大胆に増やす

取り除く
製品・サービスが持つ機能や特性を思い切って取り除く

レッド・オーシャン
血で血を洗う競合ひしめくマーケット

付け加える
製品・サービスに、今までにない機能や特性を加える

減らす
製品が持つ機能や特性をあえて減らす

「値下げ」や「品質向上」などといった価値の向上ではなく、新たな価値によって競合のいない市場を創造する戦略のこと

かつては競合がたくさんいるところでしのぎを削っていた経済活動ですが、需要も多様化した現在では、「競合のいない青い海」で一人勝ちするのも夢ではありません。

15 | ファイブフォース分析

ファイブフォース分析における5つの要素
業界全体の収益性を決定する5つの要因。5つの力が強いほど、儲からない／儲けられない業界といえる

① 新規参入企業の脅威
参入障壁が低い業界では競争が激しい

② 供給企業の交渉力
原材料の供給企業の力が強いと仕入れ値が高くなる

競争企業間の敵対関係
競合企業が多いほど競争は激しくなる

④ 買い手の交渉力
顧客の力が強いと値引き圧力が強まる

③ 代替品の脅威
顧客から指示される代替品の存在は競合要因となる

① 新規参入企業の脅威
メルカリ、ラクマなどのフリマ通販

② 供給企業の交渉力
Amazon出品者の圧力が強いとはいえない

競争企業間の敵対関係
楽天、ZOZO、アスクルなど

④ 買い手の交渉力
顧客からの値下げ圧力が強いとはいえない

代替品の脅威
顧客から指示される代替品の存在は競合要因となる

Amazonを例に
ファイブフォース分析を行ってみると…
圧倒的なシェアをもつ Amazon ゆえに、際立った弱みが見当たらないことがわかる。
なお、Amazon に対する VRIO の結果とも見比べてほしい（→P70参照）。
分析によってフォーカスされるポイントが、まるで違うことがわかる。

競争の死角をあぶり出すための分析ツールです。新しい市場を模索するブルー・オーシャンとは違い、自社が所属している業界で勝ち残るための考え方です。

力の入れ方を見極める

すべてにおいて頑張るのは美しいことですが、事業が遊びではない以上、結果を出さなければなりません。そのためには、「どこに力を注ぐべきか」常に分析し、考えることが必要となります。

16 | PPM

多角化し、複数の事業を展開する場合、事業自体の評価も必要。伸び代のない事業に力を入れても無駄だからです。

17 | PEST分析

自社の事業に影響する世間を分析するのが PEST。4つの視点から世の中を分析し、事業にどう影響を与えるのか判断します。

18 | パレート分析

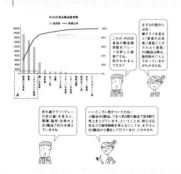

売上の8割を担う2割の製品を大切にする、という考え方。簡単にいうと、ひいき戦略です。

新田君が言うとおり、営業成績が上がらない理由は、営業担当本人だけの課題とは言い切れません。むしろ、会社の営業手法や、組織などに問題があるケースも多いでしょう。
経営コンサルタントなどが、会社や組織を分析する際には、いくつか定番の分析手法があります。7S はそのひとつです。

基礎知識

お互いに影響を及ぼす
7つのS

7S は、会社や組織を分析するための手法のひとつ。経営コンサルタント大手のマッキンゼー・アンド・カンパニーが開発した手法で、「S」を頭文字に持つ7つの経営資源（要素）に分けて、分析を行います。

7つの「S」は、**お互いに影響を及ぼします**。企業が競争力を発揮するためには、**7S をバランス良く備えること**が必要とされています。

09 7S

組織構造
Structure

戦略
Strategy

システム
System

共有価値
Shared
Value

スキル
Skill

スタイル
Style

人材
Staff

7S は「ハードのS」3 つと「ソフトのS」4 つに分類されます

ハードのS
- 組織構造 (Structure)
  企業における組織構造であり、事業遂行を最適化できる組織構造になっていることが求められる
- システム (System)
  企業における組織構造であり、事業遂行を最適化できる組織構造人事制度や給与制度、評価制度など、会社のしくみのこと。自行遂行を加速できるしくみになっていることが求められる
- 戦略 (Strategy)
  企業が掲げる戦略であり、事業を推進するために適切な戦略を取っていることが求められる

ソフトのS
- スキル (Skill)
  企業と社員の能力のこと。製造、品質管理、販売、マーケティング、製品力など、ありとあらゆる企業内の能力について、充実していることが求められる
- 人材 (Staff)
  社員一人ひとりの能力はもちろんだが、人数や教育方法も含めて、高い次元が求められる
- スタイル (Style)
  経営スタイル、企業文化、社内慣行などが健全で、社員の能力を引き出すものになっていることが求められる
- 共有価値 (Shared Value)
  経営理念や社風、価値観などが、社員一人ひとりに理解され、浸透していることが求められる

「ハードのS」は経営者がコントロールしやすいが、「ソフトのS」は変えにくく、また変えようとするとある程度の期間を必要とするといわれています。「ソフトのS」は、企業を構成する社員一人ひとりの意識改革が必要だからです。

　7Sは、会社や組織の問題点を洗い出す分析手法であり、企業の強み、弱みを明らかにします。

　ただし、気をつけてほしいのは、**7Sの各要素は、お互いに影響し合っている**ということです。例えば7Sによって、人材に弱みが発見されたとします。しかし、人材を育成しようとすれば、人事制度や評価制度（システム）の見直しが必要になりますし、社内の雰囲気や企業文化（スタイル）にも影響を及ぼすでしょう。

　優れた企業は、7Sの調和がとれています。しかし、優れた企業の7Sをただ真似るのは意味がありません。**自分の企業に合った7Sの調和を、長い時間と力を尽くして創り出していかなければならない**のです。

10　3C分析

部長と新田君が、会社の売上向上のために、自社製品の分析を行い、自社の強みを探そうとしています。

どんな戦略を立てるにしても、まず土台となるのは、現状分析です。自社の強みを把握し、その強みを最大限に活用するのが戦略です。

3C分析は、現状把握を行うのに、よく利用される手法です。

基礎知識

事実を積み上げて戦略を立てる

3C分析とは、Customer（市場）、Competitor（競合）、Company（自社）の「3つのC」の分析を行い、自社の強みを把握することを目的としたマーケティング分析のフレームワークのひとつです。

3C分析では、**事実を積み上げる**ことが大切で、**推測や解釈は不要**です。戦略を立てるための検討材料を集めることが、3C分析の目的だからです。

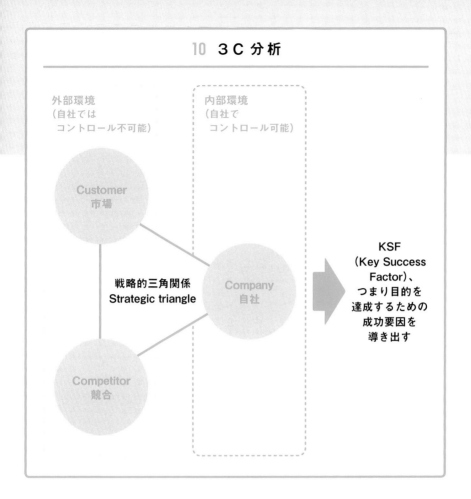

10 ３Ｃ分析

外部環境
（自社では
コントロール不可能）

内部環境
（自社で
コントロール可能）

Customer
市場

Company
自社

戦略的三角関係
Strategic triangle

Competitor
競合

KSF
（Key Success
Factor）、
つまり目的を
達成するための
成功要因を
導き出す

　市場（Customer）分析では市場の規模や成長性、ニーズなどを、競合（Competitor）分析では競合他社のシェアや戦略、売上などについてを分析します。そして**自社（Company）分析では、自社の売上、シェアなどに加え、自社の強みや弱み、ブランド力なども分析**します。この自社分析のポイントは、「でき得る限り客観的に分析する」ということ。

　良い製品を作れば必ずや売れる、というわけではありません。そもそも、どんなに「良い製品」であるという自負があっても、市場のニーズを満たさない独りよがりなものであれば、実売には結びつきにくいでしょう。３Ｃ分析はそれを解決するためにあり、**販売戦略や事業戦略を立案する前段階で、マーケティング分析に用いられます。**

企業の現在を分析するマトリクス

11 SWOT分析

スウォット

冷静な秋葉さんに、愛する商品の現実を突きつけられた烏賊出社長。大きなショックを受けたものの、マイナスにマイナスを乗じてプラスに転じさせるという荒業で、現状を打破してしまいました。

戦略を立てるためには、現状を冷静に把握しなければなりません。そのための手法のひとつが、SWOT分析です。

基礎知識

現状を分析して発展に活かす

SWOT分析とは、**企業内部の「Strength（強み）」と「Weakness（弱み）」、市場を見渡した際の「Opportunity（機会）」と「Threat（脅威）」を2×2の表（マトリクス）で示すことで、企業の置かれた現状を分析する手法**です。

また、SWOT分析を発展させた**TOWS分析は、SWOT分析の結果をもとに、市場を拡大する施策を導く**ことができます。

11 SWOT 分析

お茶に対する SWOT分析

	ポジティブ	ネガティブ
内部	Strength（強み） 日本の生活に根ざした存在感	Weakness（弱み） 古臭く、おしゃれ感に欠ける
外部	Opportunity（機会） 健康志向の風潮	Threat（脅威） 炭酸水など、他清涼飲料水の存在

お茶に対する TOWS分析

	Strength（強み）	Weakness（弱み）
Opportunity（機会）	強み×機会＝積極的攻撃 お茶の健康性能を研究・証明し、 お茶習慣の優位性をアピール	弱み×機会＝弱点強化 高齢者向けに栄養を追加・ 強化したお茶を開発
Threat（脅威）	強み×脅威＝差別化 炭酸×お茶の新製品開発	弱み×脅威＝防衛 お茶専用の自販機を設け、 他清涼飲料水とは一緒にしない

　SWOT 分析は、数ある分析フレームワークのなかでも、とても人気がある手法です。その理由は、わかりやすさと手軽さ。少し学べば、誰でも比較的容易に使いこなすことができます。

　しかし、**SWOT 分析は、今ある事象を整理するツール**にすぎません。SWOT分析の結果は、事実そのものであって、それ以上のものではないのです。

　そこで考え出されたのが、**TOWS 分析です。TOWS 分析は、SWOT 分析のフレームを並び替えることで、アクションプランを導くことができます。**

　SWOT 分析に限りませんが、**分析ツールは単体で完遂するものではなく、**複数のツールを応用したり、組み合わせたりすることによって、求める答えへの道筋を探るものなのです。

12 VRIO（ブリオ）分析

だぬえ

自社分析って、難しいですね

まさか、『どくだみミント茶』がわが社の弱みだったとは思わんかったよ…

だからこそ自社分析である「VRIO分析」はすべての戦略の基礎となるものだから、正しく行う必要があるんです！

自分のことこそ、ようわからんもんだからの〜

ちなみに、秋葉くんキミは自分のチャームポイントをどう分析してるかね？

いやいや、ツンのなかにたまに見せるデレなところかと…

このお団子かなぁ♡

ハズカシイワ

よくあるビジネスのシーン

愛してやまない自社製品を、いちばん信頼している秋葉さんに冷静に分析されてしまった烏賊出社長。「近くて見えぬは“睫”（まつげ）」という慣用句もあるくらいで、他人であればともかく、自分自身を分析するのは、誰しも苦手なものです。

これは、企業でも同じこと。改めて自社分析の難しさを痛感した烏賊出社長でしたが……。

基礎知識

**企業が持つ
底力は何？**

VRIO分析とは、**企業自体が持っている「競争力の源泉」を分析するためのフレームワーク**です。

VRIO（ブリオ）とは、「Value（経済価値）」「Rarity（稀少性）」「Inimitability（模倣困難性）」「Organization（組織）」の頭文字を取ったものであり、この**4つの質問に順番に答えていくことで、自社の経営資源が持つ競争優位性を分析する**ことができます。

12 VRIO分析

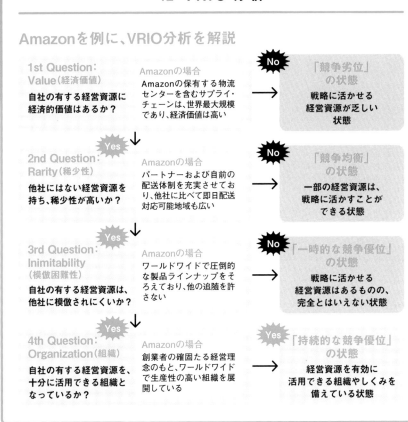

Amazonを例に、VRIO分析を解説

1st Question:
Value（経済価値）

自社の有する経営資源に経済的価値はあるか?

Amazonの場合
Amazonの保有する物流センターを含むサプライ・チェーンは、世界最大規模であり、経済価値は高い

No →
「競争劣位」の状態
戦略に活かせる経営資源が乏しい状態

Yes ↓

2nd Question:
Rarity（稀少性）

他社にはない経営資源を持ち、稀少性が高いか?

Amazonの場合
パートナーおよび自前の配送体制を充実させており、他社に比べて即日配送対応可能地域も広い

No →
「競争均衡」の状態
一部の経営資源は、戦略に活かすことができる状態

Yes ↓

3rd Question:
Inimitability（模倣困難性）

自社の有する経営資源は、他社に模倣されにくいか?

Amazonの場合
ワールドワイドで圧倒的な製品ラインナップをそろえており、他の追随を許さない

No →
「一時的な競争優位」の状態
戦略に活かせる経営資源はあるものの、完全とはいえない状態

Yes ↓

4th Question:
Organization（組織）

自社の有する経営資源を、十分に活用できる組織となっているか?

Amazonの場合
創業者の確固たる経営理念のもと、ワールドワイドで生産性の高い組織を展開している

Yes →
「持続的な競争優位」の状態
経営資源を有効に活用できる組織やしくみを備えている状態

　ケイパビリティ（Capability）とは、**企業や組織が有する全体としての組織的能力、もしくは得意とする組織的能力**を指します。

　VRIO分析は、企業が収益を最大化するうえでもっとも大事なことは、**自社が有する自社の経営資源、すなわちケイパビリティである**、との立場に立っています。

　つまり、**VRIO分析の対象は企業**であり、業界やマーケットではないことに留意する必要があります。

　そのため、「Customer（市場）」「Competitor（競合）」「Company（自社）」の分析をそれぞれ行う3C分析において、「Company（自社）」の分析に、VRIO分析を組み合わせて利用されることがよくあります。

バリューチェーン分析

新田くんどうしたんだい？

経理に怒られちゃって……たった1週間、交通費の精算申請が遅れただけなのに…

1週間は遅れすぎだよ……

でも、「バリューチェーン分析」すると経理はすごいんだぞ

エッ！そうなんですか？

社長！無駄遣いは許しません！

スミマセン…

ほら

『経営はユルいけど、経理がしっかりしてる』って、分析なんだ…

組織の分析って冷酷ですね…

よくあるビジネスのシーン

経営は弱い（?）IKADE食品株式会社ですが、経理は優秀なようです。

企業にはさまざまな部署があります。一人の人間に長所と短所があるように、ひとつの会社にも優秀な部署もあればそうでない部署もあります。

企業を部署、つまり事業組織の集合体と捉え、分析する手法をバリューチェーン分析といいます。

基礎知識

事業組織ごとに価値を見積もり企業全体の強み・弱みを知る

バリューチェーン分析とは、企業を事業組織に分解し、各々の価値を見積もることで、企業全体の価値や、強み・弱みを分析する手法です。

組織は、主活動と支援活動に分類されます。主活動には、調達、製造、物流、販売など、一連の生産活動を担当する部門が分類されます。支援活動には、経理や人事など、間接部門が分類されます。

13 バリューチェーン分析

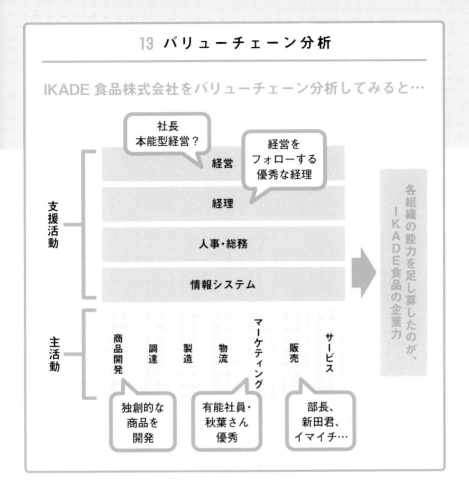

　企業の価値は、企業内の事業組織すべての価値が足し算（ないし引き算）された結果です。例えば、いくら生産部門が頑張って良い製品を作っても、販売部門が弱ければ、企業価値の上昇は望めないでしょう。

　バリューチェーン分析を行うと、高い付加価値を生み出している事業組織、付加価値を生み出せず問題を抱える事業組織が明らかになります。また、事業組織ごとのコストを算出することで、費用対効果の高い事業組織、低い事業組織も把握することができます。会社の価値は、さまざまなプロセスによって生まれます。価格で勝負できなければ、販売力で、販売力で勝負できなければ品質で勝負すればよいのです。バリューチェーン分析は、**組織という切り口から、戦略を考えるツール**なのです。

競合のいない "青い海" を開拓する

ブルー・オーシャン戦略

ライバルの古田園が、うちの真似して『どくだみハーブ茶』を発売してきました！

ハアハア

では、「ブルー・オーシャン戦略」で、競合の少ない新たなマーケットを開拓してはいかがでしょう？

ん〜、お茶業界はライバルも多いから、よく真似されるんだよ〜

よくあるコトね

ブルー・オーシャン戦略の基本
・増やす
→・取り除く
・減らす
・付け加える

ハッ

じ〜

う〜ん…それは単なるお湯だから…

では、お茶から茶を取り除いたらどうでしょう？

どや

よくあるビジネスのシーン

IKADE食品は、競合他社に商品を模倣されて困っています。

市場に競合他社があると、「値下げをしたらあちらも値下げをしてきた」「競合が大規模な広告戦略を打ち出してきて、対抗するのが難しい」といったような問題も出てきます。

ブルー・オーシャン戦略は、競合のいない "市場" を開拓する戦略です。

基礎知識

発想の転換から生み出された戦略

競合ひしめく既存市場レッド・オーシャンに対し、**ブルー・オーシャンとは、競合のいない新たな市場**のことを指します。しかしそんな都合のいい市場はあるのでしょうか。

従来の事業戦略論は、付加価値の向上やコスト削減などにより、**競争に勝つことを前提**としていました。ブルー・オーシャン戦略は、**発想の転換から生み出された戦略**なのです。

14 ブルー・オーシャン戦略

ブルー・オーシャン戦略

増やす
製品・サービスが持つ
機能や特性を大胆
に増やす

取り除く
製品が持つ機能や
特性を思い切って
取り除く

**レッド・
オーシャン**
血で血を洗う
競合ひしめく
マーケット

付け加える
製品・サービスに、
今までにない機能や
特性を加える

減らす
製品が持つ機能や
特性を
あえて減らす

「値下げ」や「品質向上」などといった
価値の向上ではなく、新たな価値によって
競合のいない市場を創造する戦略のこと

ブルー・オーシャン戦略は、まだ比較的新しい経営戦略です。2005年に刊行された『ブルー・オーシャン戦略』(INSEAD〈欧州経営大学院〉教授のW・チャン・キム、レネ・モボルニュの共著)で発表され、話題となりました。

社会が成熟している現代社会において、製品やサービスの価値を向上させていく従来の戦略では、資本力のある大企業ほど有利です。

そこで、キムとモボルニュは、「高付加価値と低コストは必ずしもトレード・オフではなく、**新しい高付加価値と低コストを両立させることができる**」と主張し、ブルー・オーシャン戦略を主張しました。

ただし、海はずっと青いわけではありません。開拓された**ブルー・オーシャンに競合が参入し、いつしかレッド・オーシャンに変わる可能性**もあります。

よくあるビジネスのシーン

新田君と烏賊出社長は、反応がおもしろい秋葉さんをからかっているうちに、ファイブフォース分析を始めてしまいました。企業の競争力を分析する際、企業内部に目を向けるか、外部（市場）に目を向けるかで分析方法は変わります。企業が属する産業構造に着目し、分析を行う手法が、ファイブフォース分析です。

基礎知識

属する市場の競争状態から自社の収益性をはかる

ファイブフォース分析とは、業界の収益性に影響を与える5つの要因を分析し、市場の競争状態をもとに自社の収益性をはかるフレームワークです。

自社に有利な市場競争を生み出し、収益を高める方法を立案する助けとなります。

ただし、分析の結果、自社にとって致命的な競争要因が発見された場合には、市場撤退も検討すべきです。

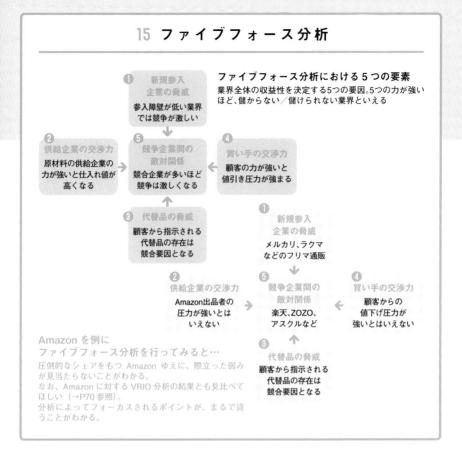

15 ファイブフォース分析

ファイブフォース分析における 5 つの要素
業界全体の収益性を決定する5つの要因。5つの力が強い
ほど、儲からない／儲けられない業界といえる

❶ 新規参入
企業の脅威
参入障壁が低い業界
では競争が激しい

❷ 供給企業の交渉力
原材料の供給企業の
力が強いと仕入れ値が
高くなる

❺ 競争企業間の
敵対関係
競合企業が多いほど
競争は激しくなる

❹ 買い手の交渉力
顧客の力が強いと
値引き圧力が強まる

❸ 代替品の脅威
顧客から指示される
代替品の存在は
競合要因となる

❶ 新規参入
企業の脅威
メルカリ、ラクマ
などのフリマ通販

❷ 供給企業の交渉力
Amazon出品者の
圧力が強いとは
いえない

❺ 競争企業間の
敵対関係
楽天、ZOZO、
アスクルなど

❹ 買い手の交渉力
顧客からの
値下げ圧力が
強いとはいえない

❸ 代替品の脅威
顧客から指示される
代替品の存在は
競合要因となる

Amazon を例に
ファイブフォース分析を行ってみると…
圧倒的なシェアをもつ Amazon ゆえに、際立った弱み
が見当たらないことがわかる。
なお、Amazon に対する VRIO 分析の結果とも見比べて
ほしい（→P70 参照）。
分析によってフォーカスされるポイントが、まるで違
うことがわかる。

　ファイブフォース分析を考え出したマイケル・ポーター氏は、業界の定義について、「『互いに代替可能な製品』を作っている会社集団」としています。例えば、ガソリン自動車におけるトヨタ自動車の競合は自動車メーカーですが、自動運転車における競合は、Google や Uber など、IT 業界の会社となります。このように、**ファイブフォース分析における「業界」とは、一般的な解釈とは異なる**ため、注意が必要です。

　VRIO 分析（→ P70参照）もファイブフォース分析も、**競争戦略を導く分析フレームワーク**です。しかし、VRIO 分析は企業の内部資源であるケイパビリティに注目する分析であるのに対し、ファイブフォース分析は**業界全体の構造に注目し、競争相手との関係性に注目する分析である**という違いがあります。

16 PPM

よくあるビジネスのシーン

IKADE食品株式会社では、新規事業の検討だけでなく、既存事業の見直しも開始したようです。

既存事業の見直しというと、事業撤退の文字がちらつくかもしれません。しかし、まず行うべきは、各事業に対する正しい評価です。

PPMを使えば、俯瞰的に事業を評価することができます。

基礎知識

これから懸けるべき企業と身を引くべき企業を判断する

PPM（Product Portfolio Management）とは、**市場成長率と市場シェアをもとに、注力すべき事業とそうでない事業を、企業が判断するための分析ツール**です。

シェアマトリクスを作成し、自社事業、製品やサービスがどこに位置するのかを分析します。

経営者が**経営資源の再配分**を考えるうえで、PPMはとても有効です。

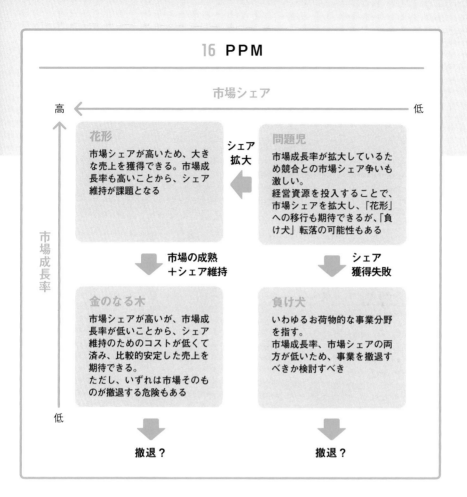

16 PPM

市場シェア

高 ← ────────────────────────────── → 低

花形
市場シェアが高いため、大きな売上を獲得できる。市場成長率も高いことから、シェア維持が課題となる

シェア拡大

問題児
市場成長率が拡大しているため競合との市場シェア争いも激しい。
経営資源を投入することで、市場シェアを拡大し、「花形」への移行も期待できるが、「負け犬」転落の可能性もある

市場の成熟＋シェア維持

シェア獲得失敗

金のなる木
市場シェアが高いが、市場成長率が低いことから、シェア維持のためのコストが低くて済み、比較的安定した売上を期待できる。
ただし、いずれは市場そのものが撤退する危険もある

負け犬
いわゆるお荷物的な事業分野を指す。
市場成長率、市場シェアの両方が低いため、事業を撤退すべきか検討すべき

市場成長率

高 / 低

撤退？

撤退？

1960 ～ 70年代のアメリカでは M&A（企業合併・買収）が盛んで、多角化を行う企業が次々と誕生しました。しかし、行きすぎた多角化（→P46参照）は企業の収益を圧迫し、事業の再編や撤退が、経営判断に求められました。

PPM は、そんな時代のニーズを受け**経営資源の最適化をはかる分析ツール**として、ボストン・コンサルティング・グループが開発しました。

PPM は、**複雑化した複合企業（コングロマリット）の事業を、かんたんでわかりやすく、俯瞰的に分析できる**とあって、当時の経営者たちに広く受け入れられていきました。半面、市場成長率や市場シェアなど確実性のない指標をもとに分析する、非成長事業でも企業貢献をしているなどの理由から、**PPM だけに頼って事業撤退を行うのは危険**という指摘もあります。

将来を予測し、今行うべきことを洗い出す

17 PEST 分析

あやしい新田君のタロット占いに思わず烏賊出社長がすがったように、10年後、自分の会社がどうなっているかは不安なもの。しかし、やみくもにただ不安がっていても仕方ありません。いったいどうすればいいのでしょうか。

ただ不安がるだけでなく、企業の将来を系統的に予測する手法を PEST 分析といいます。

基礎知識

将来の自社ビジネスは どうなっているのか

PEST 分析 は、「Politics（政治）」「Economy（経済）」「Society（社会）」「Technology（技術）」という４つの要素が、将来の自社ビジネスに与える影響を予測するフレームワークです。

現在の状況から、少し先の未来を予測することで、事業の方向性、新製品・サービス開発の手がかりなどをつかむことができます。

17 PEST 分析

IKADE 食品株式会社を PEST 分析する

Politics／政治
法律／法改正、政治、政策、税金制度など

→ 10年後の社会
健康保険料の支出アップが社会課題となり、みんなの健康意識がより高まるのでは？

→ IKADE食品に関連すること
体脂肪を下げる、高血圧を解消するなど、機能性を持った製品に対するニーズが高まるのでは？

期待度 +5

Economy／経済
景気動向、経済成長、物価、株価など

→ 10年後の社会
日本国内の経済成長は鈍化し、日本国内だけを対象にビジネスを行っている企業は厳しくなるのでは？

→ IKADE食品に関連すること
国内にしか販路、生産拠点を持たないIKADE食品の経営は、厳しくなるのでは？

期待度 -5

Society／社会
人口動態の変化、流行、世論など

→ 10年後の社会
少子高齢化の結果、都市部への人口一極集中がさらに進み、地方都市の存続が危ぶまれるのでは？

→ IKADE食品に関連すること
地方都市にある生産拠点は、人口減少によって、労働者確保が難しくなるかも？

期待度 -3

Technology／技術
新技術の開発、IT活用、イノベーションなど

→ 10年後の社会
ロボットやAIがより人々の生活に近くなっているのでは？

→ IKADE食品に関連すること
ロボットと遠隔監視技術が向上し、無人工場が完成しているかも？

期待度 +3

**このように見ると、IKADE食品株式会社では、
1.機能性食品の強化 2.海外進出 3.ロボット活用の推進 が、
これから行うべき課題であるとわかります。**

　ビジネスは、予測不可能なものです。しかし、予測不可能だからといって、予測することそのものをあきらめるわけにはいきません。

　PEST 分析は、**ビジネス環境に対して特に影響の大きい、政治、経済、社会、技術を軸に、企業の将来に起こり得るインパクトを予測するためのフレームワーク**です。

　PEST 分析を提唱した、経営学者フィリップ・コトラーは、「調査をせずに市場参入を試みるのは、目が見えないのに市場参入をしようとするようなもの」といっています。

　PEST 分析は、**そう遠くない将来に来るであろう市場を調査し、今行うべき戦略を明らかにします。**

18 パレート分析

結果的に今回は始末書でしたが、未処理の書類が溜まりすぎて、どれから手をつけていいかわからなくなるくらいに混乱することがよくあるという新田君。そんなときこそ、パレート分析がうってつけ。データをまとめ、棒グラフと折れ線グラフを作り上げることで、物事の優先順位がわかるようになる、とても便利なツールです。

基礎知識

注目すべきポイントを
あぶり出す分析手法

パレート分析とは、ビジネス過程で発生する複数の事象について、発生件数と頻度を分析することで、注目すべきポイントを見定めるために用いられます。ABC分析とも呼ばれます。

また、パレート分析を行うと、2割の事象が、8割の結果を生み出すことが散見されることに気づきます。これをパレートの法則（80：20の法則）と呼びます。

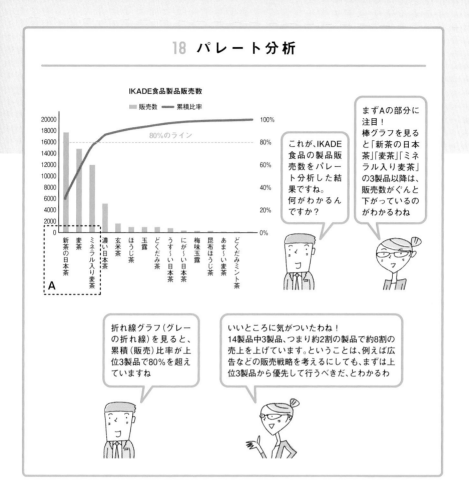

18 パレート分析

IKADE食品製品販売数

凡例: 販売数 / 累積比率

これが、IKADE食品の製品販売数をパレート分析した結果ですね。何がわかるんですか？

まずAの部分に注目！棒グラフを見ると「新茶の日本茶」「麦茶」「ミネラル入り麦茶」の3製品以降は、販売数がぐんと下がっているのがわかるわね

折れ線グラフ（グレーの折れ線）を見ると、累積（販売）比率が上位3製品で80％を超えていますね

いいところに気がついたわね！14製品中3製品、つまり約2割の製品で約8割の売上を上げています。ということは、例えば広告などの販売戦略を考えるにしても、まずは上位3製品から優先して行うべきだ、とわかるわ

　上図では、製品の販売実績を分析しましたが、パレート分析はほかにもさまざまなケースで利用できます。

　例えば、市役所に入るさまざまな問い合わせの内容と件数をパレート分析することもできます。市役所には100種類の問い合わせがあり、また上位20種類で8割の問い合わせ件数を占めているとします。もし20種の問い合わせに対し、専用説明文書を作成、問い合わせ対応がゼロになったとしたら、理論上は、8割の問い合わせ対応時間を減らすことが可能であると予測できます。

　このように、パレート分析を利用することで、**経験則等から優先順位を考えていた業務に対し、数学的に優先順位を定め、その効果を予測する**こともできるようになります。

第 **3** 章

経営戦略
理論編

経営戦略を支える理論を紹介します。分析ツールは、誰もがそのまま使うことができ、それが利点でもありますが、理論を知っておいて損はありません。より実践的に、実質的に、経営戦略を掘り下げていきます。

企業の新陳代謝

需要は多様化しています。人々はさまざまな理由でいろいろなサービス・商品を必要とします。企業はそれに応えるべく、今社会がどのような状況なのか、顧客は何を望んでいるのかを知る必要があります。

19 | イノベーション

世の中は、イノベーションの集大成です。顧客（一般の人）にとって価値あることを持続的に提供することだからです。そのために、できることがイノベーションです。

20 | PLC理論

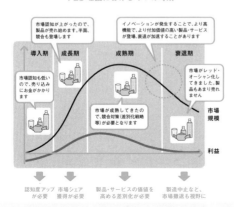

その商品・サービスの寿命のことです。生き物のライフサイクルに例えています。現在、自社の商品が、顧客や市場に対してどういった位置づけにあるかがわかります。

相手を知り自分を知る

「ライバルがどういう行動（戦略）に出てくるか」や「自分の力をどこで
どのように発揮すべきか」を考える理論です。相手を、そして自分を知
ることで、事業戦略に活かします。

21 | ゲーム理論

【囚人のジレンマ】
新田君と烏賊出社長に秋葉さんが言ったこと

❶ 一人が自白し、一人が自白しない場合、自白
　したほうはお咎めなし。自白しなかった
　ほうは、おやつを10日間抜きにする

❷ 二人とも自白しなかった場合は、
　二人ともおやつ抜き2日間

❸ 二人とも自白した場合は、
　二人ともおやつ抜き5日間

もっとも利益の高い
選択肢はわかっている

新田君、烏賊出社長はこう考える

「もし、相手が自白したら、ボクだけ
おやつ10日間抜きじゃないか！」

↓

「自白したときのペナルティよりも、自白
しなかったときのリスクのほうが大きいぞ！」

↓

「自白しよう！」

本当は、❷の「二人とも自白しない」選択が
もっともメリットが大きい（全体最適）。
しかし、各々が自分だけにとってもっとも
有利な状況を選ぶと、全体最適とは異なる状況を
招いてしまう

利害関係者に協力
を得られるのであ
れば「もっとも利
益の高い選択肢」
を選択できる

利害関係者が争っ
ている状態であれ
ば「もっともリス
クの少ない選択
肢」を選択せざる
を得ない

「協力ゲーム」
の状態

「非協力ゲーム」
の状態

本来は数学の理論ですが、経営学に応用できます。人（ライバル）がどのように動くかを考えるこのゲーム理論をベースとして、経営戦略を立てる場合があるのです。

22 | 水平展開

企業資産

技術　知識　ノウハウ
など

これまでとは違う場所で
事業展開を行う

例 ・コンビニエンスストアの
　フランチャイズ展開
　・これまで文房具屋でしか
　取り扱いのなかった商品を、
　スーパーなどでも販売する

IKADE 食品株式会社を例に取れば…

・国内でしか販売してこなかったお茶製品を、海外へ輸出する
・お茶の製造ノウハウを海外展開、人件費の安い外国で生産を行う

今現在、自社が持っている技術やサービス、商品などを、今までとは違う場所で活用することです。同じ場所でパワーアップさせる場合は、垂直展開と言います。

市場でのポジション決め

徹底的にコストを下げて商品の値段に反映させるか、思い切って独自路線を切り開くか。方法はいくつかありますので、理論を学び、自社商品あるいはサービスのコンセプトを決めます。

23 コスト・リーダーシップ戦略

マイケル・ポーターの「戦略3類型」

		競争の源泉	
		コスト	差別化
対象市場	広い	コスト・リーダーシップ戦略 業務スーパーなど	差別化戦略 成城石井、明治屋など
		集中戦略	
	狭い	コストニッチ戦略 商店街に根ざした地元安売りスーパーなど	差別化ニッチ戦略 紀ノ国屋など

食品スーパーマーケット業界の例

商品やサービスにかかるコストをひたすら下げることで利益を増やす方法。大量生産が可能であることが前提なので、資金力と体力のある企業ほど、有利な戦略です。

24 差別化戦略

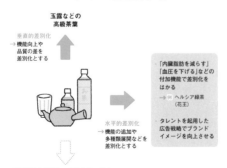

お茶における差別化戦略の例

玉露などの
高級茶葉

垂直的差別化
→機能向上や
品質の差を
差別化とする

「内臓脂肪を減らす」
「血圧を下げる」などの
付加機能で差別化を
はかる
→ 例 ヘルシア緑茶
（花王）

・タレントを起用した
広告戦略でブランド
イメージを向上させる

水平的差別化
→機能の追加や
多種類展開などを
差別化とする

低価格化を差別化の武器とする場合は、
コスト・リーダーシップ戦略
として区別される

同じ業態でも、同じ戦略を取るとは限りません。自社商品の魅力を伸ばし、独自の路線で勝負することがあります。この方法を差別化戦略と言います。

譲れない点、協力し合う点

事業には、一本柱が必要です。さしずめ、事業ドメインは、もっとも譲れない点ではないでしょうか。ひるがえって、自社の弱みや相手の強みを素直に認めることも大切です。

25 | 事業ドメイン

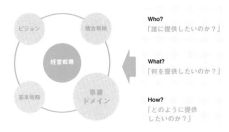

Who?
「誰に提供したいのか?」

What?
「何を提供したいのか?」

How?
「どのように提供したいのか?」

ビジョン　競合戦略　経営戦略　基本戦略　事業ドメイン

事業ドメインは、経営戦略の中核をなす要素のひとつであり、また事業ドメインは「Who?」「What?」「How?」という3つの切り口から決定づけられなければならない

その企業の原点とも言えるのが、事業ドメイン。「なぜその事業に決めたのか」に答えるためには、「誰のために」「何を」「どのように」の視点が必要です。

26 | OEM

OEMとPBの比較

	OEM/ Original Equipment Manufacturer	PB/ Private Brand
主体	「製造者が他社製品を製造すること」。つまりOEMとは、製造者が主体の言葉	「販売者が製品製造を他社に委託する」。つまりPBとは、販売者が主体の言葉
製品の企画立案	原則として、販売者が企画を行う	販売者が企画を行う
生産	製造者が行う	製造者が行う
主な製品	自動車や家電、PCから産業機械、部材まで、産業全般で行われている	小売りや流通など、BtoBの製品がメイン
メリット	・販売者は、自社資産(製造設備等)を利用せずに製品を供給できる ・販売者は、自社製品のラインナップにない製品を獲得でき、ラインナップの充実がはかる ・販売者は、新商品開発など、企画業務に集中できる ・製造者は、受注増による収益の向上が期待できる ・製造者は、技術向上等が見込める	
デメリット	・販売者は、製造ノウハウを得られない ・販売者と製造者は、将来競合になる可能性がある ・製造者のブランド力は市場に浸透しない ・製造者のノウハウが流出するリスクがある ・価格コントロールは販売者が主導権を持つため、製造者は利益が減る可能性がある	

簡単に言えば、製造を肩代わりすること。PB商品なら、コンビニエンスストアなどが委託元となる。委託先にとっては、販売チャネルを増やすための絶好の機会となる。

広い視野で捉えた価値を生み出し続ける

イノベーション

またどこかで、聞きかじってきたのね

部長、企業には「イノベーション」が必要なんです！

時代はクリーン

"新しい価値" とは？

新田くんの「イノベーション」案を受けて、ついに完成しました！

お茶の抗菌作用を利用した石鹸でーす！

すでに他社で販売されてる商品じゃないの目新しさ皆無よ…

イノベーション イノベーション

よくあるビジネスのシーン

イノベーションを起こそうと頑張った新田君と部長ですが、少し勘違いしているようです。

イノベーション＝新商品開発ではありません。まちがってはいませんが、新商品開発は、イノベーションの結果のあくまでひとつであって、新商品開発がすなわちイノベーションの本質ではないのです。

基礎知識

価値を生み出し
持続的に提供する

イノベーションとは、社会的に意義のある商品やしくみなどの「価値」を生み出し、持続的に提供することで、社会に変化をもたらすことをいいます。「イノベーション」（innovation）は、「技術革新」と和訳されることがありますが、決して新技術だけにかかわるものではありません。生産や販路などのしくみの革新や人的資材も含む、広い視野で捉えたものなのです。

19 イノベーション

誕生のきっかけ

ニーズ

例:
馬車よりももっと
たくさんの荷物を
早く運びたい
→汽車の誕生

シード(種)

例:
インターネットが
あったから、Googleや
Amazonが生まれた

**イノベーション
の誕生**

イノベーションの条件

下記の要件を満たす、
新たな価値であること

・社会的意義があること
・社会に変化をもたらすこと
・持続的に提供可能であること
・人の行動原理を変え得ること

イノベーションの5つのタイプ

プロダクト・ イノベーション	プロセス・ イノベーション	マーケット・ イノベーション
新しい価値を持った 製品・サービス	新しい生産方法	新しい販路の開拓

サプライチェーン・ イノベーション	オルガニゼーション・ イノベーション
原料、半製品の調達から、 完成された製品のデリバリーに 関する新たな手法	組織を変革し、 これまでにない組織を実現

例えば、Skype や Hangouts のような動画も使えるチャットシステムは、**技術的なイノベーション**です。それと同時に、Skype や Hangouts を活用したテレワークが生まれたように、**次のイノベーションのシード(種)**でもあります。

「技術革新」という、和訳が先行したため、イノベーション=技術とカンちがいされがちです。本来のイノベーションとは、**社会や人の行動に貢献するものであれば、しくみも含むもの**なのです。

製品の寿命を読み解き競争を勝ち残る

20 PLC 理論

製品の生産を中止するか否か——これは製造業にとっては、とても頭の痛い難問です。IKADE食品株式会社の営業部も、頭を悩ませています。

製品・サービスは、ずっと同じように売れ続けるわけではありません。そのため時期によって取るべき戦略は変わります。その助けとなるのがPLC理論なのです。

基礎知識

製品・サービスの一生を俯瞰し各時期の戦略を考える

PLC理論は、「プロダクト・ライフ・サイクル理論」（Product Life Cycle Theory）の頭文字を取ったもの。

製品やサービスにも、人間と同じように寿命があるという発想のもと、製品・サービスの一生を、導入期、成長期、成熟期、衰退期という4つの時期に分けて、それぞれの時期に取るべき戦略を考えます。

20 PLC 理論

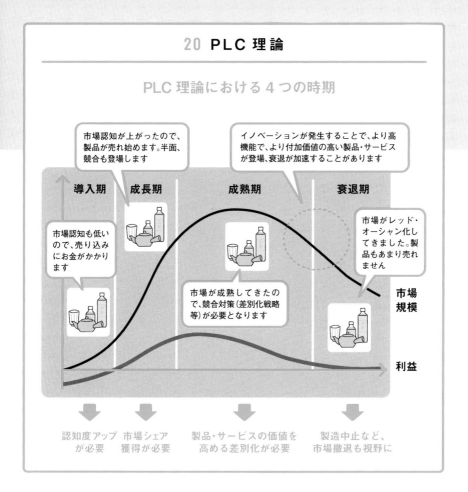

PLC 理論における 4 つの時期

市場認知が上がったので、製品が売れ始めます。半面、競合も登場します

イノベーションが発生することで、より高機能で、より付加価値の高い製品・サービスが登場、衰退が加速することがあります

| 導入期 | 成長期 | 成熟期 | 衰退期 |

市場認知も低いので、売り込みにお金がかかります

市場がレッド・オーシャン化してきました。製品もあまり売れません

市場が成熟してきたので、競合対策（差別化戦略等）が必要となります

市場規模

利益

認知度アップが必要

市場シェア獲得が必要

製品・サービスの価値を高める差別化が必要

製造中止など、市場撤退も視野に

　PLC 理論の目的は、**製品・サービスが、今どういった時期にあるのかを知ることで、リスクを先読みし、取るべき戦略を把握すること**にあります。

　ただし、ライフサイクルを完全に予測することはとても困難です。イノベーションや、他市場の影響を受けて、突然衰退期を迎えることもあります。

　例えば、レコードは CD の登場によって衰退期を迎えました。その CD も、iPod の登場、そして音楽ストリームサービスの登場によって、衰退期を迎えています。

　一方で、お茶市場が一時は炭酸飲料などの清涼飲料水に押されて市場を縮小したものの、ペットボトル化によって市場を再拡大したように、**衰退期から復活したケース**もあります。

ライバルの思考を読み解こう！

ゲーム理論

よくあるビジネスのシーン

秋葉さんはどうやら、ゲーム理論における「囚人のジレンマ」を利用して、二人の自白を引き出したようです。

経営学における分析の多くは、自社を中心に考えています。でも、市場には競合他社がいるわけですから、自分のことだけを考えた戦略では、うまく行かないこともあるでしょう。ゲーム理論は、その反省から生まれました。

基礎知識

相手の出方を見ながら
最適な結果を導き出す

ゲーム理論とは、競合などの利害関係が生じる相手がいる状況において、「自分がこうしたら、相手はどうするのだろう？」と相手の行動を予測しながら、自社にとって最適な結果を考える、意思決定のための手法です。

従来の分析手法と組み合わせることでより実用的な戦略立案を実現し、また、顧客との交渉を有利に進める際に役立ちます。

21 ゲーム理論

【囚人のジレンマ】
新田君と烏賊出社長に秋葉さんが言ったこと

❶ 一人が自白し、一人が自白しない場合、自白したほうはお咎めなし。自白しなかったほうは、おやつを10日間抜きにする

❷ 二人とも自白しなかった場合は、二人ともおやつ抜き2日間

❸ 二人とも自白した場合は、二人ともおやつ抜き5日間

新田君、烏賊出社長はこう考える
「もし、相手が自白したら、ボクだけおやつ10日間抜きじゃないか！」

「自白したときのペナルティよりも、自白しなかったときのリスクのほうが大きいぞ！」

「自白しよう！」

本当は、❷の「二人とも自白しない」選択がもっともメリットが大きい（全体最適）。しかし、各々が自分だけにとってもっとも有利な状況を選ぶと、全体最適とは異なる状況を招いてしまう

もっとも利益の高い選択肢はわかっている

利害関係者に協力を得られるのであれば「もっとも利益の高い選択肢」を選択できる

「協力ゲーム」の状態

利害関係者が争っている状態であれば「もっともリスクの少ない選択肢」を選択せざるを得ない

「非協力ゲーム」の状態

　交渉を行う際、自分だけにメリットのある提案を相手にしても、相手は受け入れてくれません。**自分にも、相手にもメリットのある提案（選択）を、理論的に導き出す方法が、ゲーム理論**です。

　なお、本来のゲーム理論は極めて高度な数学ですが、ゲーム理論の概念を知るだけでも、さまざまな戦略立案に応用が可能です。

　ちなみに、協力ゲームのように、**「全体においてもっとも利益の高い選択」を行った状況を、パレート最適**と呼びます。

　また、非協力ゲームのように、**利害関係者どうしがお互いの顔色をうかがった結果、「もっともリスクの少ない選択」をせざるを得なくなった状況を、ナッシュ均衡**と呼びます。

22 水平展開

自社の強みを未開拓の場所で広げていく

そういえば、うちの製品って沖縄では販売してませんよね？「水平展開」しましょうよ

社長が若い頃、販売網開拓のために沖縄へ赴いたの
そのとき、ハブに噛まれて生死の境をさまよったんだって
それ以来、沖縄はタブーなのよ…

秋葉くんウソ教えちゃダメじゃな〜い
物流費が高いからでしょ
沖縄こわいよ〜

よくあるビジネスのシーン

売上を拡大したい新田君、どうやらIKADE食品株式会社の製品を、これまで販路のなかった沖縄へ展開することに思い至ったようです。

新製品を開発して売上を上げるのは、開発費など大きなコストが必要です。しかし、販売エリアを拡大するだけならば、最小限のコスト増で売上拡大が狙える可能性があります。

基礎知識

パワーを増強するのではなく範囲を広げる

水平展開とは、企業がこれまで育んできた自社の技術や知識、ノウハウなどの「企業の武器」が持つ強みを活かし、事業を展開するフィールドを拡大していく戦略です。

あるお店で成功した企業が、店舗を増やすチェーン店展開は、水平展開の代表例です。

水平展開では、「企業の武器」強化ではなく、活用場所を増やします。

22 水平展開

企業資産

技術　知識　ノウハウ

など

**これまでとは違う場所で
事業展開を行う**

例
- コンビニエンスストアの
  フランチャイズ展開
- これまで文房具屋でしか
  取り扱いのなかった商品を、
  スーパーなどでも販売する

IKADE 食品株式会社を例に取れば…

- 国内でしか販売してこなかったお茶製品を、海外へ輸出する
- お茶の製造ノウハウを海外へ展開、人件費の安い外国で生産を行う

　水平展開は、「企業の武器」である技術、知識、ノウハウなどの、活躍するフィールドを広げていく手法なので、**「スピーディーに展開できる」「安定した稼働を期待しやすい」** といったメリットがあります。

　なお、水平展開は、事業展開だけとは限りません。

　上記の図表では、ノウハウの水平展開を中心に説明しましたが、**ある製品に利用するために開発した新技術を別の製品でも活用する**など、技術の水平展開もよく行われます。

　一方、技術や知識、ノウハウなど「企業の武器」そのものを強化していく**方法を、垂直展開と呼びます**。垂直展開は、「お茶の抗菌作用を利用した石鹸を作る」など、違う製品やサービスを生み出す場合に使われます。

コスト・リーダーシップ戦略

安いは正義!? 価格で市場を勝ち抜く

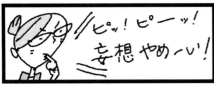

「競合他社よりも、圧倒的な低価格だったら、きっと売れるのになぁ……」。営業ならば、誰もが一度は思い浮かべることを新田君も思いました。

しかし、秋葉さんは、IKADE食品株式会社ではそのような力はないと指摘しています。

秋葉さんのいう、コスト・リーダーシップ戦略とはどんな戦略で、いったいどんな力が必要なのでしょうか。

基礎知識

全社的低コストを実現する戦略の王道

コスト・リーダーシップ戦略とは、調達、製造、販売などの主活動だけではなく、総務、人事など支援活動も含めて**全社的に低コストを実現**すること。競合よりも安い価格で製品・サービスを提供する競争戦略です。

コスト・リーダーシップ戦略は、差別化戦略（→ P100参照）、集中戦略とともに、戦略の3類型と呼ばれます。

23 コスト・リーダーシップ戦略

マイケル・ポーターの「戦略3類型」

		競争の源泉	
		コスト	差別化
対象市場	広い	コスト・リーダーシップ戦略 業務スーパーなど	差別化戦略 成城石井、明治屋など
		集中戦略	
	狭い	コストニッチ戦略 商店街に根ざした地元安売りスーパーなど	差別化ニッチ戦略 紀ノ国屋など

食品スーパーマーケット業界の例

　コスト・リーダーシップ戦略と差別化戦略は、相容れないものと考えられてきました。「二兎を追う者は一兎をも得ず」ということわざのとおり、**どっちつかずの戦略を取ると、市場では勝ち抜けない**と考えられたからです。この考え方を「スタックインザミドル」（Stuck in the middle、「stuck」は、「立ち往生」の意味）といいます。**スタックインザミドルは、経営戦略の基本**として、これまで広く認識されてきました。

　この流れに待ったをかけたのが、ブルー・オーシャン戦略（→ P74参照）です。高い付加価値を追求し差別化をはかることと低価格を目指すことの両立が難しいのは、競争の激しい市場だから。**競合のいないブルー・オーシャンでは、高い付加価値の追求を低コストで実現できる可能性がある**のです。

特徴を打ち出して市場を勝ち抜く

24 差別化戦略

どこの商品も似たりよったり これじゃあ、消費者だって選ぶのに苦労するよな

そうですねぇ 何か特徴となる、消費者に喜んでもらえるような「差別化戦略」が必要ですね

むむむ…

おい！ それ、ライバル会社のお茶じゃないか!?

ぐびぐびぐび

グビグビ

チンタラリーン

あら、新田くん

いやぁ、ボクの推しメンの池田ショーコちゃんがCMやってまして… で、10本飲むと、推しメングッズがもらえるんですも〜ん

うちは有名タレント使えないしなぁ

へへっ

よくあるビジネスのシーン

CMとプレゼント企画に惹かれて、他社商品を購入してしまった新田君。

飲料メーカー各社がひしめくお茶業界は激戦区です。似たようなお茶製品が多いなかで、消費者に自社製品を選んでもらうのは、何か工夫が必要になります。

市場を勝ち抜くための戦略はいくつかありますが、そのうちのひとつが、差別化戦略です。

基礎知識

高い付加価値により
ライバルとの差別化をはかる

差別化戦略とは、**製品・サービスに対し、高い付加価値をつけて、競合との差別化をはかる**競争戦略です。

付加価値には、特徴的な機能や多機能、高級感の演出、顧客サービスの充実などが考えられます。

なお、**付加価値として価格を訴求する**場合は、コスト・リーダーシップ戦略（P98参照）と呼ばれ、区別されます。

24 差別化戦略

お茶における差別化戦略の例

垂直的差別化
→機能向上や品質の差を差別化とする

玉露などの高級茶葉

水平的差別化
→機能の追加や多種類展開などを差別化とする

- 「内臓脂肪を減らす」「血圧を下げる」などの付加機能で差別化をはかる
  → 例 ヘルシア緑茶（花王）

- タレントを起用した広告戦略でブランドイメージを向上させる

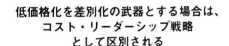

低価格化を差別化の武器とする場合は、コスト・リーダーシップ戦略として区別される

　競合がひしめく市場において、企業が製品・サービスを訴求し、勝ち抜くためには戦略が必要です。**差別化戦略は、企業が市場で勝ち抜くための基本戦略のひとつです。**

　差別化戦略を行うためには、**競合にない付加価値**が必要ですが、付加価値を生むにはコストがかかります。そのため、差別化戦略と前述のコスト・リーダーシップ戦略は両立できないといわれてきました。

関連ワード **集中戦略**
差別化戦略とコスト・リーダーシップ戦略は、ともに広い市場を前提としています。
対して、自分に有利な狭い市場で戦う戦略を、集中戦略と呼びます。

25 事業ドメイン

企業の方向性を定める羅針盤

IKADE食品株式会社はお茶の製造販売を行う会社ですが、お茶を事業に選んだ理由には、実は、こんなエピソードがありました。

会社が選んだ事業には、必ず理由があります。誰のために、何を、どのように提供したいのか？

これを定めること、また、その理由および根拠を、事業ドメインといいます。

基礎知識

企業の基盤を支える
ベースであり中核

事業ドメインとは、**企業が展開する事業領域**のことです。

ドメイン（domain）とは、英語で領地や領土を意味します。中世社会において、領地は領主の生活を支えるベースとなるものでした。

現代企業における事業ドメインは、企業の基盤を支えるベースであり、企業における**経営戦略の中核をなす大事な要素**のひとつなのです。

25 事業ドメイン

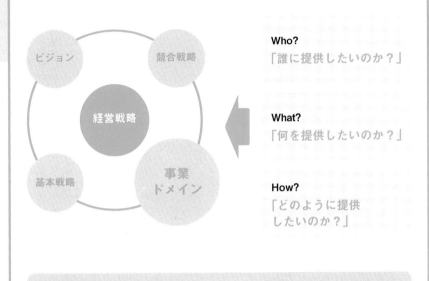

Who?
「誰に提供したいのか？」

What?
「何を提供したいのか？」

How?
「どのように提供
したいのか？」

> 事業ドメインは、経営戦略の中核をなす要素のひとつであり、
> また事業ドメインは「Who?」「What?」「How?」という
> 3つの切り口から決定づけられなければならない

　コンビニエンスストア・セブンイレブンの事業ドメインは、「近くて便利」です。「その『近い』はいつでも気軽に頼りにされるこころの近さ。『便利』とは欲しかったモノが期待以上の品質でお客様の手に届くこと。日本の暮らしにとけ込んで、新しいおいしさ、うれしさを次々提供していく…」

　これは、同社ホームページに掲げられた「近くて便利」の説明です。とてもわかりやすい説明です。

　セブンイレブンは、食品や生活雑貨の販売だけでなく、銀行業務、ネット通販の受け取り、住民票の発行など、**さまざまなサービスを提供していますが、これも「近くて便利」という事業ドメインを戦略に落とし込んだ結果**です。このように、**事業ドメインとは企業の戦略を方向づけるもの**なのです。

26 OEM

よくあるビジネスのシーン

IKADE食品株式会社では、多角化（→P46参照）の一環として紅茶を製品ラインナップに加える英断を下しました。ただ、IKADE食品には紅茶の製造ノウハウがないため、新たに社内で技術開発を行うか、外部に製造委託するしかありません。

IKADE食品が選択したOEMとは、どんなものなのでしょうか。

基礎知識

自社のノウハウを駆使し他ブランドに相乗りする

OEM（Original Equipment Manufacturer）とは、**他企業ブランドの製品を製造すること**を指します。自動車、PCはもちろん、食品や日用品でも行われる生産方式です。

一方PB（Private Brand）は、流通業、小売業を営む企業が製品を企画し、他企業に製造委託した製品を指します。主に食品やアパレル、生活雑貨などで行われています。

26 OEM

OEMとPBの比較

	OEM/ Original Equipment Manufacturer	PB/ Private Brand
主体	「製造者が他社製品を製造すること」。つまりOEMとは、製造者が主体の言葉	「販売者が製品製造を他社に委託する」。つまりPBとは、販売者が主体の言葉
製品の企画立案	原則として、販売者が企画を行う	販売者が企画を行う
生産	製造者が行う	製造者が行う
主な製品	自動車や家電、PCから産業機械、部材まで、産業全般で行われている	小売りや流通など、BtoBの製品がメイン
メリット	・販売者は、自社資産（製造設備等）を利用せずに製品を供給できる ・販売者は、自社製品のラインナップにない製品を獲得でき、ラインナップの充実がはかれる ・販売者は、新商品開発など、企画業務に集中できる ・製造者は、受注増による収益の向上が期待できる ・製造者は、技術力の向上等が見込める	
デメリット	・販売者は、製造ノウハウを得られない ・販売者と製造者は、将来競合になる可能性がある ・製造者のブランド力は市場に浸透しない ・製造者のノウハウが流出するリスクがある ・価格コントロールは販売者が主導権を持つため、製造者は利益が減る可能性がある	

　製造をOEMに頼り、**自社では製造機能を持たない企業として有名なのはナイキジャパン**です。ナイキジャパンは、製造をOEMに任せることで、**商品企画・開発やマーケティング、販売に、自社が持つ経営資産を集中**させています。ナイキジャパンが、高いブランド力と機能性を併せ持つ背景には、OEMも大きく貢献しています。

　一方で、PBも変わってきています。以前のPBというと、メーカーブランドの製品よりも価格が安いことが売りとなっていました。しかし、例えば『セブンプレミアム』（セブン＆アイグループ）の『金の食パン』のように、**通常製品よりも高額でブランド力のある製品も登場**しています。

　OEM、PBは、**自社経営資源の集中と選択を考える、高度な戦略**なのです。

第 **4** 章

マーケティング

自社の商品・サービスを購入してもらうためには、世の中のニーズや潮流を調べて顧客を想像しなければなりません。この顧客創造に必要なのがマーケティングです。誰が何を求めているのかを知り、その欲求に合わせた商品を提供していきます。

誰にどう売るか

まず、STP で自社商品のターゲットを決めて、次に4P（MM：マーケティング・ミックス）でターゲットにどう売っていくかを考えるステップに進みます。サービスや商品の中核ともなる考え方です。

27 | STP

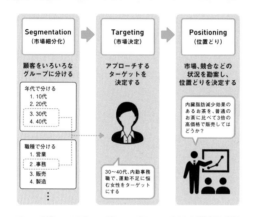

自社の商品やサービスを、どういった人たちに売っていくかを考えます。ターゲットを絞るための3つのステップです。自社商品の立ち位置を明確にします。

28 | 4P

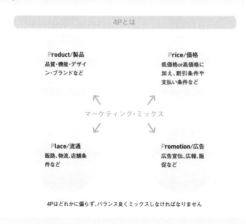

STP が終わったら、4P に進みます。というのも、4P は、STP で絞ったターゲットに対するアプローチだからです。4P を考えることを、MM（マーケティング・ミックス）と言います。

さまざまな売り方を考える

製品を売るためには、市場を拡大したり、どちらかが欠けたら成立しないもの同士を併売したり、顧客一人ひとりにきめ細かな対応をしたりと、考えるべきことがたくさんあります。

29 製品−市場マトリックス

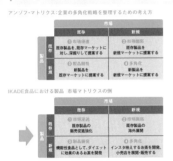

自社製品、そしてその製品を売る市場には、それぞれ新旧があります。この4つの軸を組み合わせて、自社の事業をどの分野でどのように伸ばしていくかを考えます。

30 補完財

本当に売りたいものを売るために、別のものを売る——一見、遠まわりのように思えますが、これが補完財です。ゲームソフトは、ゲーム機を持っていない人には売れません。

31 CRM

顧客のさまざまな情報は、企業に蓄積されています。この情報は、企業が顧客一人ひとりに対してきめ細かな対応をするために利用されています。

特別感を演出する

「みんなが持っているもの」から「私だけが持っているもの」へ。誰に向けて、何を売るか。顧客は何を望んでいるのか。マーケティングでそれを解明していきます。

32 | BtoB

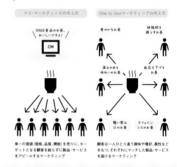

B=Business、C=Consumer。法人に売るのか、個人に売るのかということ。個人同士の取り引き、CtoC もあります。

33 | One to One

万人受けするものから、顧客一人ひとりのニーズに応えた製品を作る時代へと、変化してきています。

34 | カスタマー戦略

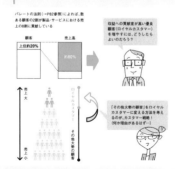

自社製品のファンを大切にする考え方。収益への貢献度が高い顧客を、特に、ロイヤルカスタマーと呼びます。

［購買チャンスを逃さない］

人が「買おう！」と思う気持ちをうまく捉えて、その機会を逃さない——。
商売の基本ですが、それをよりきめ細かに、よりニーズにあったサービ
ス・製品を提供するための宣伝手法を紹介します。

35 | CX

顧客が何を体感するか。心地良さだった
り、新鮮な驚きだったり。商品だけでな
く「体験」をも提供する、という考え方。

36 | リスティング広告

インターネットで検索しているときに、
リストの上部に表示されるのが、リス
ティング広告。多くの人の目に触れる。

37 | オムニチャネル戦略

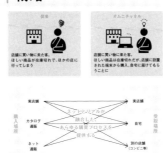

インターネットと実店舗を融合させる商
法。例えば実店舗に商品がなくても、在庫
があれば注文でき、自宅に届けてくれる。

27 STP

自社の強みを知ってターゲットをマーク！

うちの製品は、50代以上のお茶に慣れ親しんだ人がターゲットなの！

ムッ！

その考えが古いんです！若者だって、お茶の良さはわかりますって！

ムン！

ズイ

STP？

まあまあ、ふたりとも落ち着いて……こういう時は、「STP」を使って、頭を冷静にしましょ

Segmentation
Targeting
Positionig
です！

ムカッ！

しょーもない対立でぷんぷんしない

STP

ですね！

アキバくんもおちついて！

よくあるビジネスのシーン

珍しく白熱した議論が繰り広げられているIKADE食品株式会社営業部。売上に関しては、こういう場面はよく見受けられます。

売れる・売れない、ひいては製品の魅力というのは、感性に左右されるため、熱くなりやすいのかもしれません。

こんなときこそ、秋葉さんのいうとおり、経営学メソッドを使って冷静になるべきです。

基礎知識

市場での位置どりを決める
マーケティングの基本プロセス

STPでは、自社の強みが発揮できるように市場を細分化（Segmentation）したうえで、狙う市場を決定（Targeting）して、市場での位置どり（Positioning）を決めます。**マーケティングの基本プロセス**です。

STPは、4P、マーケティング・ミックス（ともに→P114参照）とともに、覚えておきたいメソッドです。

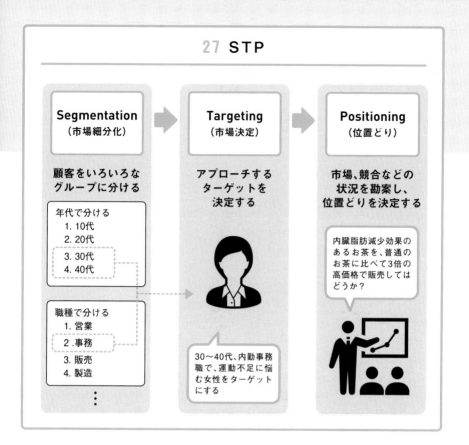

27 STP

Segmentation
（市場細分化）

顧客をいろいろな
グループに分ける

年代で分ける
1. 10代
2. 20代
3. 30代
4. 40代

職種で分ける
1. 営業
2. 事務
3. 販売
4. 製造

Targeting
（市場決定）

アプローチする
ターゲットを
決定する

30～40代、内勤事務
職で、運動不足に悩
む女性をターゲット
にする

Positioning
（位置どり）

市場、競合などの
状況を勘案し、
位置どりを決定する

内臓脂肪減少効果の
あるお茶を、普通の
お茶に比べて3倍の
高価格で販売しては
どうか？

　マーケティングとは、**市場や顧客の分析を行い、誰に対しどのような価値（製品）を提供するのかを決定し、それを実現する方法を立案すること**です。前半が STP であり、後半が4Pであり、マーケティング・ミックスとなります。

　セグメンテーションでは、性別、年齢、住所といった人口統計的な切り口だけでなく、趣味や嗜好など、さまざまな切り口が考えられます。

　ターゲットについて、範囲を絞らず、できるだけ広範囲に設定することをフルライン戦略といいます。軽自動車から高級車まで取り扱うトヨタ自動車は代表例です。

関連ワード ▶ ポジショニングマップ
「価格」と「デザイン性」など、
購買動機のポイント2要素をX-Y軸上に並べたマップです。
STPにおけるポジショニングの決定にも使われます。

28 4P

よくあるビジネスのシーン

高級ブランドが、安売りされていてがっかり——そんな経験がある人も少なくないのではないでしょうか。

価格とブランドイメージは、相互に関係します。ブランドイメージに見合った価格が設定されているからこそ、高級感が演出されるわけです。

売れる製品・サービスに必要な複数の要素を考えるのが4Pです。

基礎知識

市場攻略のために
製品・サービスが売れるしくみを作る

4Pとは、**製品・サービスが売れるしくみを作り、市場を攻略するためのフレームワーク**です。「Product（製品）」「Price（価格）」「Place（流通）」「Promotion（広告）」の4つの要素に分けて考えます。4Pは**どれかに偏ることなく、バランス良く考える必要が**あります。これを**マーケティング・ミックス**と呼びます。

28 4 P

4Pとは

Product/製品
品質・機能・デザイ
ン・ブランドなど

Price/価格
低価格or高価格に
加え、割引条件や
支払い条件など

マーケティング・ミックス

Place/流通
販路、物流、店舗条
件など

Promotion/広告
広告宣伝、広報、販
促など

4Pはどれかに偏らず、バランス良くミックスしなければなりません

4つのPは、それぞれ密接な関係があります。

例えば、「Product」において高級路線を選択したのに、「Price」で安売りを選択したら、支離滅裂です。「Place」において販路に百貨店を選択したのに、「Promotion」で少年向けマンガ誌に広告を掲載したら、客層がマッチしません。

4Pにおける各要素はバランス良く検討する必要があり、しかも一貫性が大切です。

なお、**4Pとは、マーケティング用語のSTPを実現するための手段**です。だから、4Pを考えるうえでは、必ずSTPによる分析（→P112参照）を行う必要があります。

また、STPと4Pは市場や競合の状況を見ながら、**何度も見直し**ます。成長期にある市場では、**数週間単位で見直さなければならない**こともあります。

29

企業が成長すべき方向性を整理する

製品−市場マトリクス

「製品−市場マトリクス」で考えてみたら？

『売上を伸ばせ！』って言われても、どうしたらいいか、カンタンに思いつかないですよ！

よくあるビジネスのシーン

会社の売上を担う営業は、ときにはツライ思いをすることも。毎日のように怒られている新田君は、もっと売れるものを！　といい始めました。

売上を伸ばす方法はひとつではありません。既存製品が売れないから新事業を立ち上げるというのも、ひとつの方法です。製品−市場マトリクスから、考え方を知り、方法を学びましょう。

やっぱり「多角化」かなぁ…お茶なんて儲からない事業はやめて、メルカリみたいな、もっと儲かる事業を…

はぁっ？！

何ですとっ？！

基礎知識

さまざまな方向性を模索し、整理する

製品−市場マトリクスとは、**事業の成長方向を市場と製品の2軸に分けて整理する**ためのフレームワークです。イゴール・アンゾフが考えたことから、アンゾフの成長マトリクス、アンゾフ・マトリクスとも呼ばれます。

新田くん、ウチやめちゃうの？メルカリに行っちゃうの？

ご、誤解です！IKADE食品がメルカリみたいですね…

さ、さむいよ…

製品−市場マトリクスは**もともと多角化戦略を整理するために作られました**が、さまざまなシーンで応用が利きます。

いきなり多角化はNGよ 詳しくは本文を読んでね！

誤解ですって…

ぴえーん

29 製品－市場マトリクス

アンゾフ・マトリクス：企業の多角化戦略を整理するための考え方

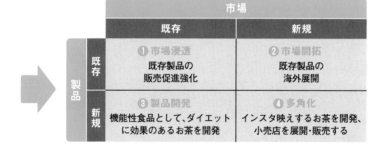

		市場	
		既存	新規
製品	既存	❶市場浸透 既存製品を、既存マーケットに対し、深掘りして提案する	❷市場開拓 既存製品を新規マーケットに提案する
	新規	❸製品開発 新製品を既存マーケットに提案する	❹多角化 新製品を新規マーケットに提案する

IKADE食品における製品－市場マトリクスの例

		市場	
		既存	新規
製品	既存	❶市場浸透 既存製品の販売促進強化	❷市場開拓 既存製品の海外展開
	新規	❸製品開発 機能性食品として、ダイエットに効果のあるお茶を開発	❹多角化 インスタ映えするお茶を開発、小売店を展開・販売する

売上を増やすためにはどうしたらいいのか？

　水平展開（→ P96参照）や製品－市場マトリクスは、その考え方を整理するために有用です。「既存製品の販売を強化すべきか、それとも新製品を開発すべきか？」「思い切って新しい市場に進出すべきか？」。製品－市場マトリクスは多くの企業が直面する課題を、明快に示してくれます。

　なお、イゴール・アンゾフは、いきなり「多角化」（上図❹）を行うことは避けたほうがいい、としています。「市場浸透」（上図❶）、「市場開拓」（上図❷）、「製品開発」（上図❸）のいずれか（もしくは複数）を行い、製品や事業、ひいては企業の強みを拡大してから、「多角化」を行うべきだ、というわけです。

　また、❹の**「多角化」**に対し、**❶〜❸は狭義の多角化**と呼ばれます。

マシン無料システムは、コーヒーに限らず、お菓子やお惣菜などもいろいろなサービス提供が登場しています。こうなると、IKADE食品株式会社営業部としても、お茶のオフィス販売を考えてみたいところです。こういった、消耗品で収益を得るビジネスのポイントとなるのが、補完財です。
補完財の役割と、発祥の歴史を学びましょう。

基礎知識

どちらか片方では成り立たない

補完財とは、あるサービスや製品において、複数のサービスや製品がお互いに補完し合うことで、顧客が求めるニーズを実現するというシステムのことです。

例えば、ゲーム機とゲームソフト、コーヒーと砂糖、インクジェットプリンターとインクの関係などが補完財の関係にあたります。

30 補完財

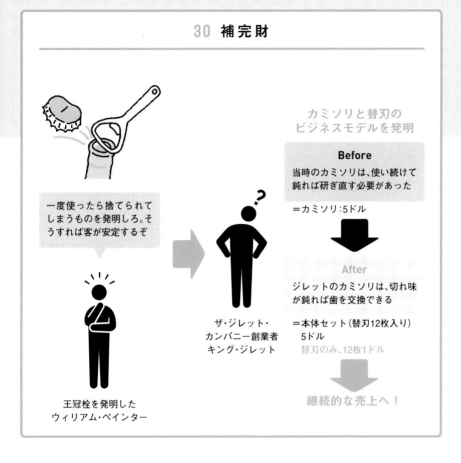

カミソリと替刃の
ビジネスモデルを発明

一度使ったら捨てられて
しまうものを発明しろ。そ
うすれば客が安定するぞ

ザ・ジレット・
カンパニー創業者
キング・ジレット

王冠栓を発明した
ウィリアム・ペインター

Before
当時のカミソリは、使い続けて
鈍れば研ぎ直す必要があった

＝カミソリ：5ドル

After
ジレットのカミソリは、切れ味
が鈍れば歯を交換できる

＝本体セット（替刃12枚入り）
5ドル
替刃のみ、12枚1ドル

継続的な売上へ！

　補完財モデルで、より収益を上げるために必要なこと。それは、**補完財が、他製品・サービスで代替できないこと**です。

　基礎知識で、補完財の例として、コーヒーと砂糖を挙げました。しかし、コーヒーと砂糖の関係は、代替が利くものです。つまり「このコーヒーには、この砂糖じゃなければ絶対にダメ！」というものではないので、補完財の関係は満たしますが、ビジネスモデルとしては不完全です。

　ジレットのカミソリには、ジレット純正の替刃しか利用できません。インクジェットプリンターとインクの関係も同じです。

　補完財の考え方を使えば、仮に本体（例えばカミソリ）を安く販売したとしても、消耗品（替刃）で継続的な需要と安定した収益を実現できます。

「おもてなし」の心を経営学でしくみ化する

CRM

お客さんに『一年前に注文したあれ、また5ケースお願いね』って言われたんですけど、購買履歴がなくて、なんの商品かわからないんですよ…

ふーん

コ

「CRM」出荷伝票を調べましょ！私も手伝うわっ！

よーし

むーん

グググ

アレレ

忙しそだね〜何やってるの〜？

っっ

なに？コスギさんとこ？いつも『濃すぎる麦茶オレ』じゃ

さすがが社長！歩くデータベース

なんでこんなにアナログなのよ…

よくあるビジネスのシーン

今や、お客様の購買履歴はもちろん、年齢や住所、もしくは趣味嗜好に至るまで、記録しておいて営業や顧客サポートに活かす時代になりました。

いつまでも"歩くデータベース"に頼っていては、その社長が不在だとにっちもさっちも行かなくなってしまいます。今こそ好機と捉えて、CRMを学びましょう。

基礎知識

情報を利用して
戦略的なサービスを

CRM（Customer Relationship Management／顧客関係マネジメント）とは、顧客情報をもとに、マーケティング、セールス（営業・販売）、サービスを戦略的に強化する考え方です。

顧客に対し、より適切なアプローチ、より適切なサービスを実現し、営業効率と顧客満足度を上げるためにはどうしたら良いのか。これを戦略的に実施するのがCRMです。

31 CRM

CRMのなかった時代

とりあえず、何が釣れるかわからないから、エサはミミズでいいかな

ただやみくもに、大量の広告を打つことが販売戦略だと考えられていた

CRMが登場してから

この池では鮒が釣れるのか…。だったら、エサはミミズではなく、練りエサだな

CRMによって、ターゲットに合わせて営業方法を選択する戦略が実現した

CRMの出発点は、顧客情報をデータベース化すること

基本データ	属性データ
・氏名	・過去の購買履歴
・年齢	・趣味嗜好
・性別	・過去の問い合わせ履歴
・住所	・過去のクレーム履歴
・勤務先	・過去の打ち合わせ
・役職	・議事録
・職種	…など

バリューチェーン

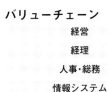

経営

経理

人事・総務

情報システム

商品開発	調達	製造	物流	ティング	セールス	サービス
	SCM			**CRM**		

CRMでは、顧客情報をもとに、バリューチェーンにおけるマーケティング、セールス（営業・販売）、サービスを戦略的に強化する。

　バリューチェーンとは、企業における各事業組織の価値をつなげることで、企業全体の価値へと昇華させる考え方でした。その中で、**CRM は、マーケティング、セールス、サービスを担当**します。

　例えば、旅館を再訪したとき、女将があなたの食事の好みを覚えていてくれたら？　きっと、その旅館のファンとなり、また再訪したくなるはずです。

　古来引き継がれる、「**おもてなし**」の心、これが **CRM の原点**なのです。顧客情報とマーケティングは、良いサービスへとつながり、そして良いサービスはセールスへと循環します。

　なお、ここでは CRM の必要性としくみ、位置づけを解説しました。使い方の例としては、One to One（→ P124参照）も参照してください。

32 BtoB

これまで個人向けのお茶製品しか作ってこなかった IKADE 食品株式会社ですが、販路拡大のため、レストランなど、業務向けの製品販売にも取り組むようです。ところが部長、深く悩んでしまいます。実は、個人相手の取引と企業相手の取引では取引方法から営業の仕方まで、たくさん違うところがあるのです。B は法人、C は個人を指します。

基礎知識

取引相手だけではなく
企業ビジョンも見直しを

BtoB とは、**Business to Business** の頭文字を取ったもので、企業が企業に対して製品・サービスを販売する取引を指します。

対して、**BtoC (Business to Consumer) は、企業が個人に対して行う取引**を指します。

BtoB、BtoC は、取引相手が違うだけではなく、ターゲットや取引の方法も変わってくることに注意しましょう。

32 BtoB

BtoBとBtoCの違い

	BtoB	BtoC
購入の判断基準	求める仕様に対し最適であること	購入した後の満足感
購入における心の動き	論理的	「かっこいい」「かわいい」などの主観的要素も重要
購入までの検討機関	比較的長い	比較的短い
購入製品の利用者と購入意思決定者の関係	利用者は各部門だが、稟議等の社内手続きを経て、利用者の上長ないし上位部門が購入を決定す	基本的には利用者と購入意思決定者は同一

BtoCマーケティングの特異性

インフルエンサーの存在

ブログやSNSなどで多数のフォロワーを持つインフルエンサーの存在が、一般購買者へ影響を与える

子育て家庭の購入意思決定者

子育て家庭においては、子ども関連の支出の8～9割は、女性（母親）が意思決定をしている

BtoBの購入プロセスはBtoCに比べれば単純

　BtoB、BtoC では、取引相手が違うだけではなく、購入までの意思決定から広告宣伝の手法まで、大きく異なってきます。マーケティングや営業戦略が変わるのはもちろんですが、CSR や CSV（ともに→ P54参照）も含めて、BtoB が多い企業と BtoC が多い企業では、**経営理念など、企業の基本ビジョンも異なってくる**ケースもあります。

　さらに、BtoBtoB、BtoBtoC も登場しています。個人向け商材の部材メーカーでは、**顧客の先にいる個人も踏まえて戦略が必要**という考え方です。

関連ワード　CtoC
Consumer to Consumer、つまりメルカリなどの個人間取引のこと。

望むものは顧客一人ひとり異なる

33 One to One

ネット見てると、おすすめ商品が表示されるじゃないですかぁ ついつい買っちゃってヤバいっすよねぇ

キミは、「One to One」の格好の餌食だねぇ〜

なんすかそれ？

教えてしんぜよう「One to One」というのはだね…

ポチッと

ハッ!!

ひとのハナシ聞きなさいよ！

今、話してるそばからポチッたでしょ！ね！ポチッたよね！

だって、このフィギア前からほしかったんですもぉ〜ん…

よくあるビジネスのシーン

新田君、ネット通販などで表示されるレコメンド機能（おすすめ商品や関連情報などを表示する機能）に惹かれて、ついつい余計な買い物をしてしまったようですね。

顧客一人ひとりの好みを洗い出すOne to One。「あなただけにおすすめ」はいったい、どんなしくみで的確に送られてくるのでしょうか。

基礎知識

一人ひとりに向けた細やかなマーケティング

　趣味や嗜好、属性は人それぞれ。One to One（1 to 1／ワン・トゥ・ワン）とは、顧客一人ひとりに合わせてマーケティングを行うことです。

　One to Oneマーケティングは、それまで行われてきたマス・マーケティング（後述）に代わるものとして登場しました。CRM（→P120参照）や、関連テクノロジーの進歩が、One to Oneを実用的なものとしたのです。

33 One to One

マス・マーケティングの考え方	One to Oneマーケティングの考え方

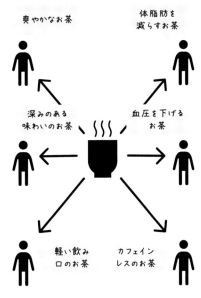

単一の価値(価格、品質、機能)を売りに、ターゲットとなる顧客を絞らずに製品・サービスをアピールするマーケティング

顧客は一人ひとり違う趣味や嗜好、属性などをもつ。それぞれにマッチした製品・サービスを届けるマーケティング

　マス・マーケティングの象徴は通称・T型フォード。1908年に発売された「安くて丈夫」なこの量産型自動車は、なんと1,500万台も売れました。

　しかし、時代が進み、人々の生活が豊かになるにつれて、趣味嗜好は多様化・細分化していきます。マス・マーケティングは大衆をひとつの塊（かたまり）として捉えていましたが、**One to One は、この時代の変化を受けて、顧客一人ひとりの顔を見て対応するマーケティング**として生まれたのです。

　One to One は、**巨大で複雑なデータの取り扱いを可能としたビッグデータ技術の発展により、より詳細な顧客分析と実践を可能**としました。しかし、行きすぎた顧客分析は、プライバシー侵害に当たるとの指摘もあり、法律で規制される動きも現れています。

34 カスタマー戦略

製品やサービスに対するファンを囲い込む

よくあるビジネスのシーン

新田君、IKADE食品株式会社の目の前にあるラーメン店のカスタマー戦略に、まんまとハマってしまったようです。製品・サービスの収益向上をはかる際には、新規顧客の獲得に加えて、何度も繰り返し製品・サービスを購入してくれる優良顧客を増やすことが大切です。そのためには、カスタマー戦略を学ぶ必要があります。

基礎知識

自社製品・サービスの熱烈なファンを生み出す

カスタマー戦略、もしくはロイヤルカスタマー戦略とは、会社の製品・サービスに対し、忠誠心の高い顧客を増やすための戦略です。

忠誠心が高いとは、言い換えると製品・サービスの熱烈なファンのこと。リピーターとして繰り返し製品・サービスを購入してくれるファンを増やすことで、収益の安定に寄与し、事業の継続性を高めることができます。

34 カスタマー戦略

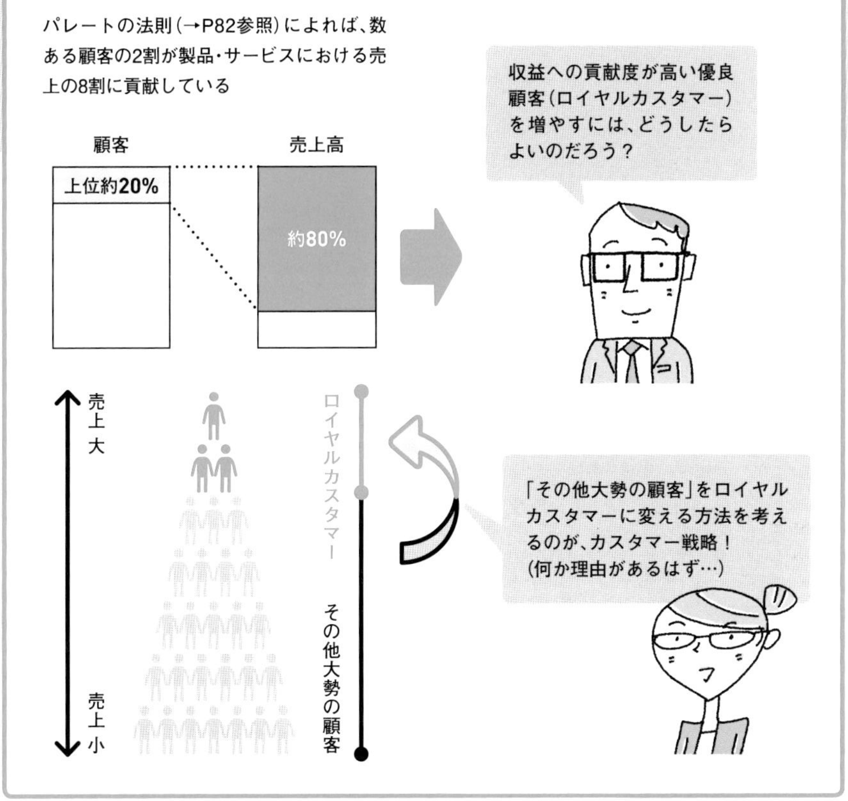

パレートの法則（→P82参照）によれば、数ある顧客の2割が製品・サービスにおける売上の8割に貢献している

収益への貢献度が高い優良顧客（ロイヤルカスタマー）を増やすには、どうしたらよいのだろう？

顧客　　売上高

上位約20%

約80%

売上大 / 売上小

ロイヤルカスタマー

その他大勢の顧客

「その他大勢の顧客」をロイヤルカスタマーに変える方法を考えるのが、カスタマー戦略！
（何か理由があるはず…）

第4章 マーケティング

　優良顧客（ロイヤルカスタマー）と普通の顧客を隔てる壁はなんでしょう？

　例えば、保険商品の場合、顧客満足度は、保険請求の窓口となるカスタマーサービスセンターの対応品質に大きく影響されることがわかっています。

　あるレンタカー会社では、利用金額の多い顧客にポイントを付与し、獲得ポイントによってランクを設けることで、割引率の変更や、優先予約制度などの差別化を行っています。

　このように**ロイヤルカスタマーになる要素を研究**し、もしくは**ロイヤルカスタマーの特典を演出する**ことで、ロイヤルカスタマーを囲い込み、また増加させることができます。カスタマー戦略は、企業視点ではなく、顧客視点で行われなければなりません。

新田君も、だんだん頼れる営業部員になってきました。製品の質だけでは差別化がはかれない、そこに気づいたのは大きな一歩です。

確かに、製品やサービスを購入するとき、機能や価格だけではなく、「かっこいい」とか「心地いい」といった感覚的な付加価値も重要。「感覚的な付加価値」に戦略的に取り組むのが CX です。

基礎知識

多様化する価値観の分、付加価値もいろいろ

CX はカスタマー・エクスペリエンス（Customer Experience）と読み、**顧客が製品やサービスとともに過ごす体験を通じて得る心理的・感覚的な価値観**を指します。

社会が成熟するにつれ、顧客の価値観も多様化しています。このような背景から、顧客が感じる**心理的・感覚的な付加価値が、顧客満足度の向上につながっている**と考えられています。

35 CX

CX＝カスタマー・エクスペリエンスの例

心地良さ

五感を通じて得ることができる価値観。リラックスできる音楽や座席、室内インテリアなどの上質な空間が提供できるカフェであれば、コーヒー＋αのCXを得られる

驚き

顧客の知的好奇心などに訴える価値観。自動運転システムを搭載した自動車のような、新しく未経験の技術と接することで「時代の先を行く技術を体感している」というCXを得られる

感動

接客や気配りなど、情緒に訴える価値観。小料理屋や旅館を再訪したとき、女将が自分の好みの料理を覚えていてくれたことで満足感、優越感など、感覚的なCXを得られる

誇らしさ

特別な集団への帰属意識に訴える価値観。例えば、歌手のファンクラブに所属することや、ファンクラブ限定のイベントに参加できることで、ほかのファンより優位にあるというCXを得られる

　例えば、カフェの店員が好みのコーヒーを覚えていてくれたら、常連客としてはうれしいもの。しかし、アルバイトも含めたすべての店員に対し、「なじみ客の好みを覚えなさい」というのは、無理があります。カスタマー・エクスペリエンスは企業戦略のひとつとして取り組む課題ですので、標準化ができないものは、戦略化できません。

　これを**戦略として取り込むのであれば、CRM（→P120参照）が必要**です。CRMによって、ロイヤルカスタマー（→P126参照）の好みをデータベース化できれば、このカスタマー・エクスペリエンスは標準化できます。

　CRMによってOne to One（→P124参照）を実現し、ロイヤルカスタマーにカスタマー・エクスペリエンスを提供するという、一連の流れが完成します。

36 リスティング広告

IKADE食品株式会社営業部は、自社サイトを宣伝に利用し、商品の売上アップをはかりたいようです。

ところが、GoogleやYahoo!で検索しても、IKADE食品のサイトは上位に表示されない現実があります。

それなら、秋葉さんのアドバイスにしたがって、リスティング広告を検討してみましょう。

基礎知識

Web検索で上位に来れば クリックされる機会も増える

リスティング広告とは、PCユーザーが検索エンジンを利用して検索を行った際に、検索ワードに関連した広告を出すWeb広告の手法です。検索連動型広告とも呼ばれます。

広告主としては、製品やサービスに関連した情報を欲している閲覧者に対し、確実に広告を見せられるメリットがあります。広告料は、クリック課金という従量制方式になります。

36 リスティング広告

リスティング広告とは

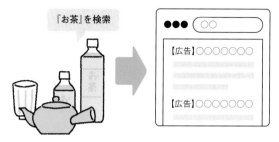

『お茶』を検索

【広告】○○○○○○

【広告】○○○○○○

GoogleやYahoo!などの検索エンジンでキーワード検索した際に、自然検索結果よりも上部に「広告」と表示される部分がリスティング広告です。

リスティング広告の特徴

クリック課金

閲覧者が広告をクリックしたときのみ、料金が発生します。表示されただけでは料金は発生しません

オークション制

広告主は、あらかじめクリック単価を入札します。該当するキーワードが検索されると、自動的にオークションが行われ、入札単価の高い順から表示されます

リスティング広告の難しさ

入札価格があまりにも低すぎると、広告の表示頻度が下がり、効果が期待できません。

また、表示回数が、そのまま製品・サービスの成約件数に直結するわけでもありません。

例えば、「お茶」をキーワード指定するよりも「お茶 内臓脂肪」というように複数キーワードを指定したほうがクリック回数に対する成約率が上がることもあります。

　自社の製品・サービスに関係する検索キーワードを検索エンジンで上位に表示させる手法をSEO（Search Engine Optimization）と呼びます。SEOは、検索エンジンに対するキャッシュアウト（資金の流れ）はありませんが、上位に表示させるためには、さまざまな対策を行う必要があります。

　その点、リスティング広告は確実に広告を表示できます。ただし、「お茶」のような広範すぎるキーワードをリスティング広告で指定した場合、クリック数は上がっても、製品・サービスの成約数が思うように上がらないことがあります。かといって、キーワードが専門的すぎるとクリック数が上がりません。

　リスティング広告を行う場合には、**キーワードの選定を慎重かつ戦略的に**行わなければなりません。

37

消費者により最適な買い物体験を

オムニチャネル戦略

よくあるビジネスのシーン

かつては再配達を余儀なくされた宅配便の不在通知ですが、現在はコンビニ指定の受け取りも可能。ひとり暮らしの秋葉さんは、上手に利用しているようです。もともとライバルであった店舗とネットが融合し、消費者にとって、より利便性の高い買い物体験ができるようになりました。その背景に、オムニチャネルがあります。

基礎知識

商品はお店で受け取るとは限らない

オムニチャネルとは、実店舗、カタログ通販、ネット通販など、販路（チャネル）の垣根を越えて、消費者に対してスムーズで面倒のない購買行動の機会を提供する試みです。

なお、オムニチャネルの実現には、実店舗、ネット通販などを統合することができる販売管理システムや、ネットとリアルをつなぐ販売戦略が必要となります。

37 オムニチャネル戦略

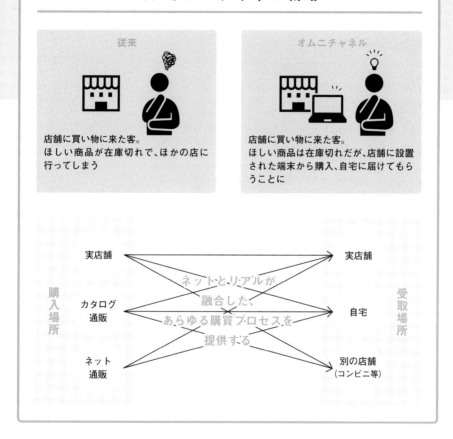

　通販が存在しなかった頃、消費者が「モノを買う」ためには実在する店舗に赴くしかありませんでした。

　しかし、今は違います。消費者は、例えば今この瞬間に TV で紹介されたばかりの商品を、**自宅にいながらスマホで注文できる時代**となりました。

　一方、実店舗での購入には、製品を実際に確認しながら購入することができるといった、ネット通販やカタログ通販では得られないメリットもあります。

　オムニチャネルは、ネットとリアルを融合し、その垣根を取り払うことで、消費者には、**もっとも最適な買い物体験を提供**し、販売者に対しては、店舗、通販といった販路の違いがもたらす**販売機会の損失を回避する**ための試みなのです。

第 **5** 章

ビジネスモデルを考える

ビジネスモデルとは、各社の経営戦略に基づいた「利益を出すためのしくみ」のこと。実在の事業の実例です。最新のビジネスモデルを知ることで、自社のビジネスに活かせます。

事業は9要素で成り立つ

自社の事業を俯瞰するために便利なツールがビジネスモデルキャンバスです。事業は一定ではなく、成長も衰退もします。ときには自社の立ち位置を、確認する必要があります。

38 | ビジネスモデル キャンバス

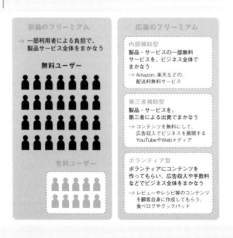

「内臓脂肪を減らす」機能を持った
お茶製品のビジネスモデルキャンバス

⑧ パートナー Key Partners	⑦ 主要活動 Key Activities	② 価値提案 Value Proposition	④ 顧客との関係性 Customer Relations	① 顧客セグメント Customer Segment
ビジネスモデル自治遠のために必要なビジネスパートナー	事業内容。このビジネスモデル実現に向けて、行うべき活動	該当製品・サービスが、顧客に対して提供できる価値	顧客との関係性	該当製品・サービスを提供する顧客
機能のエビデンスを保証してくれる外部研究機関「内臓脂肪を下げる」大切さを訴える広告代理店　実際販売を担う販売店	商品開発および製造	内臓脂肪の減少による健康な身体	対面による販売	ダイエット希望の30代後半以降の男女
	⑥ リソース Key Resources		③ チャネル Channels	
	ビジネスモデル実現に向け、必要な「ヒト・モノ・カネ・情報」の資源		顧客、もしくは製品・サービス価値を伝える経路	
	製品開発スタッフ、機能性食品の品質とそれを裏づけるエビデンス		量販店での販売	

⑨ コスト構造 Cost Structure	⑤ 収益の流れ Revenue Stream
ビジネスモデル実現において発生するコスト	製品・サービスが得る収益の構造、種類、予測
例 商品開発コスト、製造コスト、宣伝広告費、物流費	例 年間5万本、売上予測＝#円

自社の事業全体を俯瞰するためのツールです。9つのマスを埋めることで、自社のことをより理解することができます。一度やれば終わりではなく、その都度で新しい発見もあるはずです。

39 | フリーミアム

狭義のフリーミアム

→ 一部利用者による負担で、製品サービス全体をまかなう

無料ユーザー

有料ユーザー

広義のフリーミアム

内部補助型
製品・サービスの一部無料サービスを、ビジネス全体でまかなう
→ Amazon、楽天などの、配送料無料サービス

第三者補助型
製品・サービスを、第三者による出資でまかなう
→ コンテンツを無料にして、広告収入でビジネスを展開するYouTubeやWebメディア

ボランティア型
ボランティアにコンテンツを作ってもらい、広告収入や手数料などでビジネス全体をまかなう
→ レビューやレシピ等のコンテンツを顧客自身に作成してもらう、食べログやクックパッド

無料なのに儲けが出るビジネスモデル。ソーシャルゲームでよくある手法です。無料サービスで人を集め、一部の課金ユーザーや友達紹介、広告クリックなどで収益をまかないます。

"人"のつながりが鍵

企業や組織、ビジネスを支えるのは、やはり人。人と人をどうつなげるか、それを考えるのがビジネスモデルの役割でもあります。ビジネスにおいて、「人は宝」なのです。

40 | プラットフォーム戦略

プラットフォーム戦略の代表例

"プラットフォーム"とは、いろいろな人が行き交う「場」のこと。商品・サービスを提供する企業とそれを求める顧客をつなげる戦略を言います。AmazonやGoogleがこの戦略で急成長しました。

41 | パートナーシップ戦略

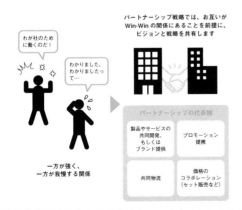

パートナーシップ戦略では、お互いがWin-Winの関係にあることを前提に、ビジョンと戦略を共有します

上下ではなく対等な関係で仕事を進める考え方。お互いがお互いの得意分野に尽力し、かつ、独占しないことで、お互いにとって得になる関係（Win-Win）を築くビジネスモデルです。

「何」が売れるのか

「どんなものが売れるのか」から、ものではなくても売れる時代へ。技術や場所、時間なども商品となり得ます。この形態でたくさんのベンチャー企業が成功しています。

42 シェアリング・ビジネス

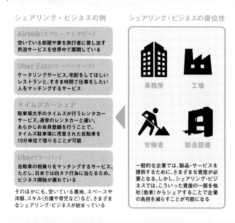

シェアリング・ビジネスの例

Airbnb（エアビーアンドビー）
空いている部屋や家を旅行者に貸し出す民泊サービスを世界中で展開している

Uber Eats（ウーバーイーツ）
ケータリングサービス。宅配をしてほしいレストランと、すきま時間で仕事をしたい人をマッチングするサービス

タイムズカーシェア
駐車場大手のタイムズが行うレンタカーサービス。通常のレンタカーと違い、あらかじめ会員登録を行うことで、タイムズ駐車場に用意された自動車を15分単位で借りることが可能

Uber（ウーバー）
自動車の相乗りをマッチングするサービス。ただし、日本では白タク行為に当たるため、ビジネス開始が遅れている

そのほかにも、空いている農地、スペースや洋服、スキル（介護や育児など）など、さまざまなシェアリング・ビジネスが始まっている

シェアリング・ビジネスの優位性

事務所　工場　労働者　製造設備

一般的な企業では、製品・サービスを提供するために、さまざまな資産が必要となる。しかし、シェアリング・ビジネスでは、こういった資産の一部を他社（他者）からシェアすることで企業の負担を減らすことが可能になる

従来のシェアリングとは違い、もの・場所・時間・スキルなどの「資産」を貸与するシステム。例えば Uber Eats は、働く場所と働く人をマッチングさせるシェアリング・ビジネスです。

43 ロングテールモデル

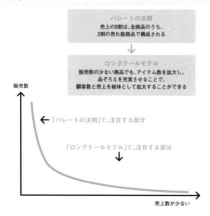

パレートの法則
売上の8割は、全商品のうち、2割の売れ筋商品で構成される

↓

ロングテールモデル
販売数の少ない商品でも、アイテム数を拡大し、品ぞろえを充実させることで、顧客数と売上を総体として拡大することができる

販売数

← 「パレートの法則」で、注目する部分

「ロングテールモデル」で、注目する部分
↓

売上数が少ない

チリも積もれば山となる、の言葉どおり、例えば1週間に1、2個しか売れないものでも、長い目で見れば相当な利益が見込めるとする考え方です。

［「人」と「人」とのつなげ方］

広告でつなぐのか、利害関係でつなぐのか。人と人、そして人と企業はさまざまにつながることができます。インターネットの普及で、新しい関係をつなぐ可能性も、たくさん生まれています。

44 アドネットワーク

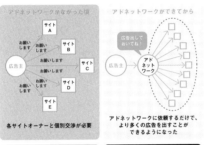

複数のサイトにWeb広告を出すことができるシステムです。無数にあるサイトと個別に交渉する手間が省けるだけでなく、その広告の効果測定も一元化できるメリットがあります。

45 ビジネス・エコシステム

すべてのステークホルダーとの関係性を、生態系になぞらえた考え方。ビジネスにおいて、生存（成長）をかけて、ときには競争、ときには協力しつつ、築き上げる関係性を指します。

38 ビジネスモデル キャンバス

ビジネスモデルを俯瞰的に見直そう

よくあるビジネスのシーン

部長と新田君に、新商品「せんぶりミント茶」のビジネスモデル、つまり"売れるしかけ"を考えろと社長命令が下ったようです。

顧客の反応も売上も不明なうえ、まだ存在しない新商品のビジネスモデルを考えるにはどうしたらいいのでしょう。ビジネスモデルキャンバスは、ビジネスモデル策定時に役立つフレームワークです。

基礎知識

ビジネスモデルを整理してこれまでを知り、役立てる

ビジネスモデルキャンバスとは、分析対象となるビジネスモデルを9つの要素に分解、フレームに当てはめていくことで、各要素の相互関係性を俯瞰的に眺めることができるフレームワークです。

新たにチャレンジするビジネスモデルの戦略立案にも、既存のビジネスモデルの整理にも役立ちます。

38 ビジネスモデルキャンバス

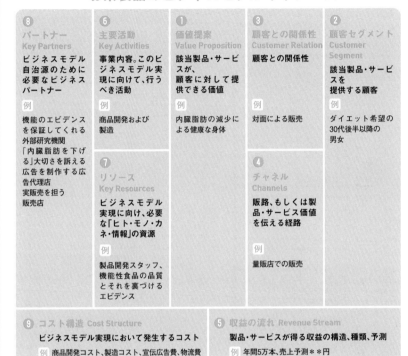

「内臓脂肪を減らす」機能を持った
お茶製品のビジネスモデルキャンバス

⑧ パートナー
Key Partners
ビジネスモデル自治源のために必要なビジネスパートナー

例
機能のエビデンスを保証してくれる外部研究機関
「内臓脂肪を下げる」大切さを訴える広告を制作する広告代理店
実販売を担う販売店

⑥ 主要活動
Key Activities
事業内容。このビジネスモデル実現に向けて、行うべき活動

例
商品開発および製造

⑦ リソース
Key Resources
ビジネスモデル実現に向け、必要な「ヒト・モノ・カネ・情報」の資源

例
製品開発スタッフ、機能性食品の品質とそれを裏づけるエビデンス

① 価値提案
Value Proposition
該当製品・サービスが、顧客に対して提供できる価値

例
内臓脂肪の減少による健康な身体

③ 顧客との関係性
Customer Relation
顧客との関係性

例
対面による販売

④ チャネル
Channels
販路、もしくは製品・サービス価値を伝える経路

例
量販店での販売

② 顧客セグメント
Customer Segment
該当製品・サービスを提供する顧客

例
ダイエット希望の30代後半以降の男女

⑨ コスト構造 Cost Structure
ビジネスモデル実現において発生するコスト
例 商品開発コスト、製造コスト、宣伝広告費、物流費

⑤ 収益の流れ Revenue Stream
製品・サービスが得る収益の構造、種類、予測
例 年間5万本、売上予測＊＊円

　ビジネスモデルキャンバスにおける9つの要素のうち、左側（上図⑥～⑨）が自社活動の要素であり、コスト。右側（上図②～⑤）が顧客や市場の要素であり、収益です。つまり、**右側が左側を上回るようにキャンバスを描けば、収益性が高まります。**

　①「価値提案」から始め、②、③……と順番に書くことを心がけてください。埋められない要素があっても大丈夫です。特に、**これからのビジネスモデルを考えるときは、埋められない要素があるのが当たり前なのです。**

　また、ビジネスモデルキャンバスは、一度完成したら終わりではなく、**ビジネスモデルを見直す**タイミングで何度も描き直すことをおすすめします。

ダウンロード無料で商売が成立する

39 フリーミアム

若い子たちはみんなスマホでゲームやってるよね〜

若い人だけじゃないですよ〜く社長に教えたらハマっちゃったみたいですし

けど、なんで無料なんですかね？

「フリーミアム」といってダウンロードは無料でも勝ち進みたいユーザーが課金するから成り立つの

でも、社長大丈夫かしら？

ほんとに〜！？

社長には、課金方法教えてないから、大丈夫っすよ〜

ガチャ！

アイテムゲット!!

あちゃ〜

ほら！課金方法自分で調べたみたいっすね

よくあるビジネスのシーン

新田君は、ダウンロードフリーのソーシャルゲームにハマっていますが、無料でなぜ商売が成立するのかが不思議なようです。

ソーシャルゲームに限らず、Web上には無料で使えるサービスがたくさんあります。

なぜ無料で利用できるのか？　それを解き明かすのが"フリーミアム"です。

基礎知識

無料でダウンロードし有料アイテムを購入する

　フリーミアムとは、**製品・サービスを無料で提供することで集客を行いつつ、一部の顧客に提供した有料サービスによって、製品・サービス全体の収益をまかなうビジネスモデル**です。

　ダウンロードそのものは無料でも、mixiやDeNAなどに代表される、ソーシャルゲームにおける課金アイテム（ガチャ）は、フリーミアムモデルの代表例です。

39 フリーミアム

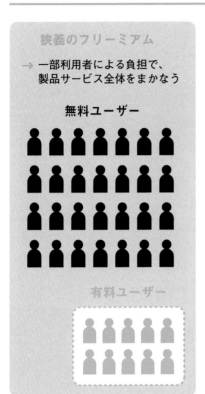

狭義のフリーミアム

→ 一部利用者による負担で、製品サービス全体をまかなう

無料ユーザー

有料ユーザー

広義のフリーミアム

内部補助型
製品・サービスの一部無料サービスを、ビジネス全体でまかなう
→ Amazon、楽天などの、配送料無料サービス

第三者補助型
製品・サービスを、第三者による出資でまかなう
→ コンテンツを無料にして、広告収入でビジネスを展開するYouTubeやWebメディア

ボランティア型
ボランティアにコンテンツを作ってもらい、広告収入や手数料などでビジネス全体をまかなう
→ レビューやレシピ等のコンテンツを顧客自身に作成してもらう、食べログやクックパッド

　フリーミアムは、ネットマガジン WIRED の編集長であった、クリス・アンダーソンが、2009年に刊行した『フリー〈無料〉からお金を生みだす新戦略』で提唱した概念です。

　Gmail、mixi、Facebook など、**世間を席巻する Web サービスの多くは、無料であることを売りに多くの利用者を獲得**していました。同書は、フリーミアムというビジネスモデルで、そのからくりを解き明かしたのです。

　ただし、当時は「有料会員：無料会員＝5：95」とされたフリーミアムモデルは現在では成立せず、**より多くの有料会員を必要としています。**一例を挙げると、ソーシャルゲームの場合でいえば、ゲームに顧客が要求する品質が上がったため、ゲーム開発コストが増えていることが原因です。

40

人が集まるところにビジネスは生まれる

プラットフォーム戦略

よくあるビジネスのシーン

新田君は、銀行がなぜ異業種交流パーティーを実施するのか、疑問に思ったようです。

ですが、人を集めるとそれだけメリットがあります。人とビジネスの出会いを創出することで、大躍進を遂げた企業のひとつが、Google です。

その要（かなめ）である、プラットフォーム戦略について学びましょう。

基礎知識

"出会いの場" を提供し手数料や広告料を稼ぐ

プラットフォームとは、なにかの取引やビジネスを行うためのインフラを指します。

プラットフォーム戦略とは、**製品・サービスと顧客との出会いの場（プラットフォーム）を提供する戦略**のことです。

プラットフォームを提供する企業（プラットフォーマー）は、仲介手数料や広告収入で収益を得ます。

40 プラットフォーム戦略

プラットフォーム戦略の代表例

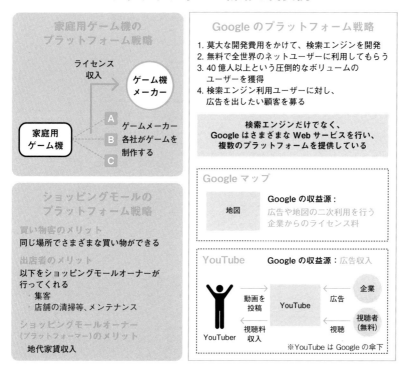

家庭用ゲーム機の プラットフォーム戦略

ライセンス
収入

ゲーム機
メーカー

家庭用
ゲーム機

A
B ゲームメーカー
C 各社がゲームを
   制作する

ショッピングモールの プラットフォーム戦略

買い物客のメリット
同じ場所でさまざまな買い物ができる

出店者のメリット
以下をショッピングモールオーナーが
行ってくれる
 ・集客
 ・店舗の清掃等、メンテナンス

ショッピングモールオーナー
（プラットフォーマー）のメリット
地代家賃収入

Google のプラットフォーム戦略

1. 莫大な開発費用をかけて、検索エンジンを開発
2. 無料で全世界のネットユーザーに利用してもらう
3. 40 億人以上という圧倒的なボリュームの
   ユーザーを獲得
4. 検索エンジン利用ユーザーに対し、
   広告を出したい顧客を募る

検索エンジンだけでなく、
Google はさまざまな Web サービスを行い、
複数のプラットフォームを提供している

Google マップ

地図

Google の収益源：
広告や地図の二次利用を行う
企業からのライセンス料

YouTube　　**Google の収益源：**広告収入

YouTuber

動画を
投稿

YouTube

広告　　企業

視聴　　視聴者
（無料）

視聴料
収入

※YouTube は Google の傘下

　ビジネスは、人と人の出会いが生み出すものです。人が生活を営むなかで生じる、「こんなことしたい」「あんなことができたらいいな」といった**より良い生活への希望が、ビジネス発祥の原点**です。

　とはいえ、成り行きまかせでは、ビジネスの成功はおぼつきません。**プラットフォーム戦略は、収益モデルをあらかじめ設計したうえで、人と人（企業同士のケースもあります）が出会う場を用意することによって、新たなビジネスモデルを創出する、高度なビジネス戦略**です。

　人とビジネスが交錯する場は、プラットフォームとなる可能性を持ちます。異業種交流会はもちろん、商店街、趣味のサークルだって、新たなプラットフォームになるかもしれないのです。

業務提携によって、新商品を提案した新田君ですが、あえなく却下されました。IKADE食品株式会社では、業務提携に嫌な思い出があるようです。

ところで、最近では業務提携や下請けとは違い、パートナーシップ戦略（戦略的パートナーシップ）と呼んでいます。なぜでしょうか？

お互いに利益を得るビジネスモデルを行う

パートナーシップ戦略とは、自社ですべてを行うのではなく、ビジョンを共有し、お互いに収益を得ることができるビジネスモデルを描いたうえで、他企業と力を合わせて事業を遂行していくことです。

大切なのは、お互いに対等であり、Win-Winの関係であるということ。それを前提に、ビジョンと戦略を共有し、収益も公平に分配します。

41 パートナーシップ戦略

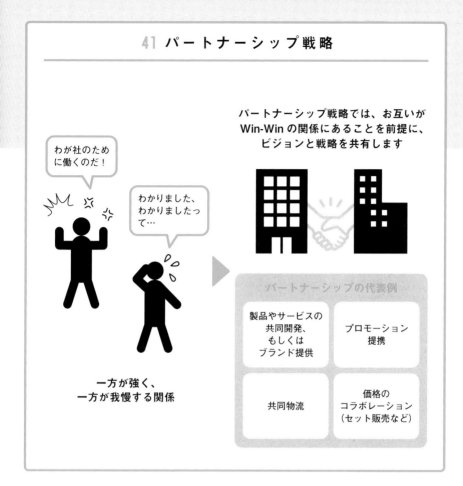

パートナーシップ戦略では、お互いが
Win-Winの関係にあることを前提に、
ビジョンと戦略を共有します

わが社のため
に働くのだ！

わかりました、
わかりましたっ
て…

一方が強く、
一方が我慢する関係

パートナーシップの代表例

製品やサービスの共同開発、もしくはブランド提供	プロモーション提携
共同物流	価格のコラボレーション（セット販売など）

　一社だけで、ありとあらゆるノウハウを持つ企業などあり得ません。自社に足りない技術や営業力、もしくはブランド力などを得るために、企業同士は手を結び合おうとします。

　しかし、その関係に下請－親請けのような上下関係があったり、「相手を出し抜いてやろう」というような競争心があると、うまくいきません。

　パートナーシップ戦略では、**より高いレベルの成功をつかむ**ため、さまざまな工夫をこらします。**Win－Winの関係を築き、対等な立場をとる**のはもちろん、ビジョンや戦略を共有し、お互いの担当者を明確にすることで、**問題が発生した際にも迅速に協議を行うことができる体制をあらかじめ定めている**パートナーシップ戦略もあります。

メソッド 42

所有する時代からシェアする時代へ

シェアリング・ビジネス

> 今日の訪問先、駅から遠いんでカーシェアないか調べておきますね
>
> お、おう

> 新田君お昼の牛丼届いたわよ〜
>
> お届けに上がりました

> Uber Eatsですよ知らないんですか？
>
> あれ？配達なんてやってたっけ？

> し、知ってるよ…ペアリングビジネスってやつだろ
>
> いえ、違います「シェアリング・ビジネス」です

よくあるビジネスのシーン

新田君をはじめ、若い世代はどんどん使いこなしているシェアリングは、ここ数年で急激に成長したビジネスモデルです。部長が知らなかったのも致し方ありません。

実際に利用したことはなくても、シェアサイクル、カーシェア、Uber Eats など、聞いたことがある人も少なくないはず。詳しく見ていきましょう。

基礎知識

個人の資産を他人に貸与するビジネス

個人ないし企業が保有するモノ、場所、時間、スキルなどの資産を、他人（他社）に貸与するビジネスを、シェアリング・エコノミーと呼びます。

そして、シェアリング・ビジネスとは、シェアリング・エコノミーを提供するプラットフォームのことを指します。多くの場合、ネット上で提供者と利用者のマッチングサービスを提供しています。

42 シェアリング・ビジネス

シェアリング・ビジネスの例

Airbnb（エアビーアンドビー）
空いている部屋や家を旅行者に貸し出す民泊サービスを世界中で展開している

Uber Eats（ウーバーイーツ）
ケータリングサービス。宅配をしてほしいレストランと、すきま時間で仕事をしたい人をマッチングするサービス

タイムズカーシェア
駐車場大手のタイムズが行うレンタカーサービス。通常のレンタカーと違い、あらかじめ会員登録を行うことで、タイムズ駐車場に用意された自動車を15分単位で借りることが可能

Uber（ウーバー）
自動車の相乗りをマッチングするサービス。ただし、日本では白タク行為に当たるため、ビジネス開始が遅れている

そのほかにも、空いている農地、スペースや洋服、スキル（介護や育児など）など、さまざまなシェアリング・ビジネスが始まっている

シェアリング・ビジネスの優位性

事務所　工場
労働者　製造設備

一般的な企業では、製品・サービスを提供するために、さまざまな資産が必要となる。しかし、シェアリング・ビジネスでは、こういった資産の一部を他社（他者）からシェアすることで企業の負担を減らすことが可能になる

　シェアリング・ビジネスが注目を集めるようになった背景には、インターネットの普及があります。例えば、「民泊のために空いている部屋を貸したい」と思っても、新聞や雑誌の広告を確認して書類を郵送してといった手続きに手間と時間がかかったら、借りるほうも貸すほうも、タイミングを逃してしまいます。その点、インターネットの即時性が、**利用者にとっても、シェアリング・ビジネスを行う企業にとっても、ビジネスマッチングを容易にしました。**

　ただし、シェアリング・ビジネスにも課題はあります。Uber は法規制のため、日本国内でのビジネスは限定的にしか行えていませんし、Uber Eats は一部の配達員における悪質な行為が社会問題となっています。課題は黎明期のビジネスモデルにつきもの。解決していかねばならないことがあります。

43 ロングテールモデル

部長、このうちの商品『どくだみミルクティー』も絶品だねぇ〜

ヨホホ〜

社長、それもあんまり売れてないから廃番にしたいんですけど…

どくだみシリーズは…

部長は「ロングテールモデル」というのを知らんようじゃのう

な、何ですか？

おやおや

これ、意外とおいしいんですよね〜『どくだみミルクティー』

えっ?!まさかっキミも!!

よくあるビジネスのシーン

人の好みはそれぞれとはいえ、秋葉さんが好む自社商品は、あまり人気がないよう。売上を効率的に伸ばしたい部長は、廃番も視野に入れていますが――。メーカーは、売れ筋の商品だけ売っていればいい、あまり売れていない商品は製造中止にすべきだ。そんな考え方に一石を投じたのが、ロングテールモデルです。

基礎知識

アイテム数を拡大し品ぞろえを充実させる

「売れ筋の商品をたくさん売る」という考え方に対し「多数は売れないけど、確実に少数売れる商品の品数を増やす」という考え方がロングテールモデル。店舗や倉庫に在庫を持つ必要がないネット通販が広く普及したことに伴って生まれてきた販売方法です。

年に数個しか売れない商品でも、チリも積もれば山となる。総体として大きな売上につながります。

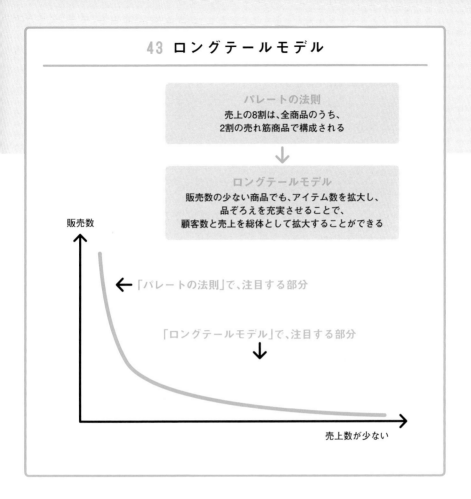

43 ロングテールモデル

パレートの法則
売上の8割は、全商品のうち、
2割の売れ筋商品で構成される

↓

ロングテールモデル
販売数の少ない商品でも、アイテム数を拡大し、
品ぞろえを充実させることで、
顧客数と売上を総体として拡大することができる

販売数

← 「パレートの法則」で、注目する部分

「ロングテールモデル」で、注目する部分
↓

売上数が少ない

上のグラフを見てください。

　グラフの地色が敷いてある部分は、まるで恐竜の長い尻尾のよう。売上数をグラフにするとこのような曲線を描くことから、「ロングテールモデル」の名がつきました。

　これまでの経営学では、一般に「**売上の8割は、2割の商品で構成される**」というパレートの法則（→ P82参照）がありましたが、それを覆す、まったく新しい考え方です。

　ただし、商品アイテムが増えれば**大量生産の手法（フォード生産方式。→ P188参照）がとれず製造の手間が増える、在庫を置かなければならない分コストがかかる**などのデメリットもあります。

Web広告業界の救世主！

44 アドネットワーク

アキベさーん

『Web広告出しといて』って言われたんですけどぉ、どこに出せばいいのかわかんなくて…

そういうときは、「アドネットワーク」を利用するといいわよ

「アドネットワーク」？

は？？

で、なんの広告？

一度で複数の媒体に広告を配信できるから便利なのよ

ヒョッコ

社長、まだ諦めてないんだ…

どくだみミント茶

売れてないの広告のせいだと思えないんですけどね…

よくあるビジネスのシーン

広告を出すというのは、想像以上に手間と時間がかかる作業です。広告の企画から制作、そして広告出稿先の選定まで、その苦労は初心者の新田君の想像を絶するものがあったようです。

Web広告の場合、星の数ほどあるサイトから、広告を出稿するサイトを選定するのはとても大変。アドネットワークは、そんなときにとても役立つ手法です。

基礎知識

個別サイトにではなく 一括して広告を依頼できる

アドネットワークとは、複数のサイトやアプリなどに対し、取りまとめてWeb広告を出すことができるサービス、もしくはしくみのことです。

旧来のWeb広告は、広告を出したい企業が、個別にサイトと交渉する必要がありました。アドネットワークは、その手間を省くとともに、広告の効果測定も一元化することができます。

44 アドネットワーク

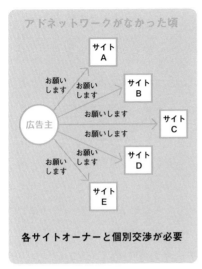

アドネットワークがなかった頃

サイト A
サイト B
サイト C
サイト D
サイト E

広告主

お願いします
お願いします
お願いします
お願いします
お願いします
お願いします
お願いします

各サイトオーナーと個別交渉が必要

アドネットワークができてから

広告出しておいてね！

広告主

アドネットワーク

アドネットワークに依頼するだけで、より多くの広告を出すことができるようになった

アドネットワークのメリット

・少ない労力で大量のweb広告配信が可能
・Web広告の効果測定が容易に行える

アドネットワークのデメリット

・原則として広告配信先が不明
・事業や広告内容との関係性が薄いサイトにもWeb広告が掲載される可能性がある
・Web広告が掲載されると企業イメージに影響があるようなサイトにも掲載される可能性がある

　アドネットワークは、**広告主の Web 広告にかかる手間を大幅に削減**しました。「とにかく大量に広告を露出したい」という広告主や、アドネットワークが存在していなかった頃から Web 広告を行っていた企業にとって、アドネットワークの登場はとてもありがたかったはずです。

　一方で、アドネットワークは、**特定の顧客層をターゲットにする製品やサービスには向いているとはいえません。**例えば、女性向けのかつらの場合、ターゲットは初老の女性が中心になります。男性訪問者が多いサイトやアプリに広告が掲載されても、訴求効果は期待できません。

　アドネットワークを効果的に利用するためには、製品やサービスのターゲットや、販売戦略を勘案しつつ、検討する必要があります。

45 ビジネス・エコシステム

ビジネスにおける新たな生態系

ビジネスパーソンだったら、誰もが一度は経営者、あるいは iPhone や Google、自動運転車のようなイノベーションの、多くのステークホルダーがひしめき合うビジネス界のジャングルで活躍したいと考えるものなのかもしれません。最近注目を浴びるビジネス・エコシステムとは、ビジネスをジャングルのような生態系にたとえるものです。

基礎知識

協力したり競争したりする ビジネスの新生態系

　元来、エコシステムとは、自然界において食物連鎖などを含む生態系を指す言葉です。それが転じて、ビジネスにおいて、ライバル企業や消費者、公共団体など、すべてのステークホルダーが、ときには競争を、ときには協力を行いつつ築き上げる関係性を指すようになったのです。ビジネスに限定した場ではエコシステムと省略されても認識されつつあります。

45 ビジネス・エコシステム

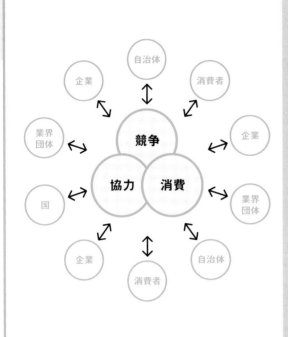

ビジネス・エコシステムの概念

外周に位置するのはステークホルダー。そのステークホルダーの内側は、ステークホルダー同士の関係を、それぞれ指し示す。

自然界における生態系と同様に、ステークホルダー同士は、ときに競争関係に、ときに協力関係に、ときに消費し消費される関係へと変わる。

自然界の生態系と異なるのは、イノベーションや価値の向上というポジティブな価値の向上というポジティブな共通認識を、すべてのステークホルダーが持っている点にある。

　現代社会は、高度に成熟しており、一企業が独自にイノベーション（→ P90参照）を起こすことは、どんどん難しくなっています。

　ビジネス・エコシステムとは、業界や業種の枠を超えたさまざまなステークホルダーが、得意とする技術やノウハウなどを持ち寄って、イノベーションや、新たな価値の創造・拡大を目指す取り組みです。なお、ビジネス・エコシステムにおいては、ライバル企業同士の競争も、パートナーシップ戦略（→ P146参照）と同様に、ビジネス・エコシステムの構築に貢献する可能性を持ちます。

　大事なことは、**ビジネス・エコシステムに参加するステークホルダーが、ビジネス・エコシステムを成長させる意識を持つことです。**

第 **6** 章

組織とは何か

人が集まってできる組織は、「烏合の衆」ではまとまりません。ただの集団をどう組織立てていくのか。そもそも組織とはいったいどういう集まりを指すのでしょうか。

集団を凌ぐ「組織」を作る

利益を上げるには、人がただ集まるだけではなし得ません。「組織立った」集まりであることが大切です。組織を成り立たせる要素とは、そして組織の分け方にはどのような形があるのでしょうか。

46 組織の三要素

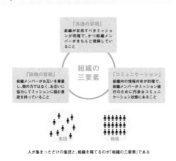

人が集まっただけの集団と、組織を隔てるのが「組織の三要素」である

組織を組織たらしめるのは、「共通の目標」「協働の意欲」「コミュニケーション」の３つの要素です。この３つが健全に存在していない限り、「組織」にはなり得ません。

47 機能別組織／事業部制組織

※事業部制組織における経営、人事・総務は、不正や失敗を防ぐリスク回避を目的として、経営機能とともに本社機能に統括され、事業を管理するケースもある。

「経営部」「人事・総務部」など、部門で分けるのが機能別組織。一方「飲料事業部」「食品事業部」など、事業別に分けるのが事業部制組織です。事業部制が増えています。

48 経済人＆経営人モデル

顧客に伝わる価値を創造するためのふたつのモデルのこと。経済人モデルは理想論で、あまり一般的ではないので、経営人モデルをうまく利用して、営業戦略を立てます。

強みをみがいていく

事業ドメイン（→ P102参照）とともに、その企業が絶対に持っていなければならないものの1つがコア・コンピタンス、つまり強み。この強みを武器に、企業は市場を勝ち抜いていきます。

49 | コア・コンピタンス

模倣可能性
Imitability
その技術等が競合に真似できるものかどうか？

移動可能性
Transferability
その技術がほかの製品、ほかの産業でも応用できるものかどうか

希少性
Scarcity
その技術があまり例のないものであり、稀少価値があるかどうか

代替可能性
Substitutability
その強みや技術が代替することができない、ユニークでオリジナリティあるものかどうか

耐久性
Durability
その強みはたやすく失われるものではなく、長期にわたる競争優位性を期待できるかどうか

コア・コンピタンスを見極める5つの視点

コア・コンピタンスとは、企業の成長戦略の源泉である

他社が絶対に真似ることができない自社だけの魅力・強み・価値のことを言います。コア・コンピタンスが確立している事業は、きっと大いに活躍できるはずです。

50 | PDCA

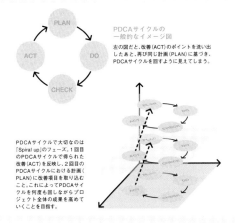

PDCAサイクルの
一般的なイメージ図
左の図だと、改善（ACT）のポイントを洗い出したあと、再び同じ計画（PLAN）に基づき、PDCAサイクルを回すように見えてしまう。

PDCAサイクルで大切なのは「Spiral up」のフェーズ。1回目のPDCAサイクルで得られた改善（ACT）を反映し、2回目のPDCAサイクルにおける計画（PLAN）に改善項目を取り込むこと。これによってPDCAサイクルを何度も回しながらプロジェクト全体の成果を高めていくことを目指す。

質の良いプロジェクトを回して改善するための手法。チェック機能を働かせ、より質の高い計画・行動へとつなげていきます。

目標のために人を動かす

組織立った企業となるためには、なかにいる人を育てていかねばなりません。顧客やライバルばかりに気を取られていると、人が育たない企業風土になってしまいかねないのです。

51 | 組織行動論

「働かされる」時代から「自己実現のために働く」時代へと変わってきている

組織行動論における研究方法の一例
組織行動論は最終的に、企業の組織構造、従業員へのインセンティブ、企業理念などの再構築へとつながっていく。

企業の一員として会社の利益を出すためにどう行動すべきか、どう動かすべきかを考えます。

52 | MBO

一人ひとりが達成すべき目標数値のこと。"ノルマ"と捉えられる向きもありますが、本来は人の成長をはかるものです。

人が組織を支える

当たり前のことですが、組織を支えるのは「人」です。そしてその「人」つまり従業員を育てていくのはリーダー。経営学におけるリーダーシップについて説明します。

53 | 3種の資本

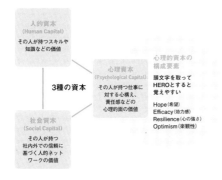

企業は、3種の資本を健全に備えた人材を育成する必要がある

「人的資本」「社会資本」「心理資本」の3つで、従業員が良い仕事をして成長するために不可欠であり、企業が従業員に求める資質でもあります。特に心理資本は高いパフォーマンスにつながるため、注目されています。

54 | リーダーシップ論

ダニエル・ゴールマンによる「6つのリーダーシップスタイル」

リーダーシップは、組織が成長するかどうかに大きく影響する、企業経営の要です。かつての、ただ強いだけのリーダーシップではなく、より柔軟できめ細かなリーダーシップが求められるようになってきています。

マンパワーを凌ぐのは集団、集団を凌ぐのは組織

46 組織の三要素

営業部の「共通の目標」って、うちの部署だとなんですか？

集団を組織として成立させる「組織の三要素」のうち

なに!?

営業部の「共通の目標」？

そうねぇ、成果目標として売上前年比…

ちょっと待ったっ！！

君たち、営業部の目標は『どくだみミント茶』を大ヒットさせることじゃーっ！

ブオオオオ

ダメ…

えっ？…

う〜ん それはちょっと…

よくあるビジネスのシーン

新田君は、自分の属するIKADE食品株式会社営業部が、組織として機能しているかどうか、疑問を持ったようです。人ひとりの力には限界があります。しかし、ただ人が集まっただけでは単なる集団になってしまいます。
では、集団が「組織」として成り立つためには、どのような要素が必要なのでしょうか。

基礎知識

ただの集団をミッションを達成する「組織」たらしめる3つの要素

組織とは、ある目的を達成するために、意識的・人為的に形成された集団のことで、「組織の三要素」とは、単なる集団が組織として成り立つために、またミッションを実現する力＝組織力を持つために、必要とされる3つの要素のことです。米国の経営学者チェスター・バーナードは「共通の目標」「協働の意欲」「コミュニケーション」であると述べています。

46 組織の三要素

「共通の目標」
組織が目指すべきミッションが明確で、かつ組織メンバーがきちんと理解していること

組織の
三要素

「協働の意欲」
組織メンバーがお互いを尊重し、個の力ではなく、お互いに協力してミッションに臨む意欲を持っていること

「コミュニケーション」
組織内の情報共有が的確で、組織メンバーがミッション遂行のために円滑なコミュニケーション状態にあること

集団

組織

人が集まっただけの集団と、組織を隔てるのが「組織の三要素」である

「コミュニケーション」「協働の意欲」「共通の目標」は、**ただの集団が組織であるためには、どれもが一定水準必要**とされています。会社は、利益を上げるために存在し、人が集まります。集まった人は、利益を上げるために共に働き、協力し合う必要があるわけです。

　また、バーナードの定義では、組織のなかに、入れ子式にさらに小さな組織をつくることもできます。会社という組織のなかに、営業部や製造部などがあり、営業部のなかに法人営業課、広告営業課などが存在します。そして、**どんなに小さな組織も三要素を過不足なく持つ必要があります。**

関連ワード **官僚制**（→P44参照）
職務を細分化し、規則を明確化し、文書で記録すること。
会社の、本来のスタイルであるともいえる。

47

企業の骨格や枠組みを表す

機能別組織／
事業部制組織

よくあるビジネスのシーン

TAKONO商事に限らず、大企業には横文字で長い所属名が多く見られます。「＊＊コーポレート」といった、事業部制によくある組織名を使う企業は、所属名も長くなりがちです。

組織は、企業の骨格にあたるものです。代表的な組織構造である、機能別組織と事業部制組織について学びましょう。

基礎知識

それぞれの向き不向きや
メリットを見極めて

機能別組織とは、総務、人事、営業、製造、品質など、**企業が行う業務の種類ごとに部門を分ける組織形態**。

事業部制組織とは、**行う事業ごとに部門を分ける組織形態**。事業ごとに部門を分けるため、**製造や営業は、事業部ごとにそれぞれ存在**します。

日本企業は機能別組織が多く、事業部制組織は多角化に向くなど、それぞれ特徴があります。

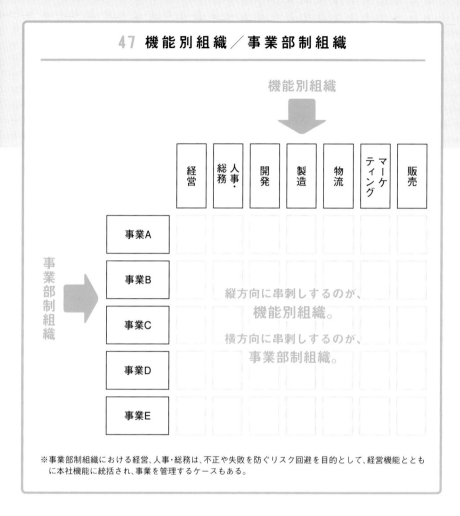

47 機能別組織／事業部制組織

機能別組織

	経営	人事・総務	開発	製造	物流	マーケティング	販売
事業A							
事業B							
事業C							
事業D							
事業E							

事業部制組織

縦方向に串刺しするのが、機能別組織。

横方向に串刺しするのが、事業部制組織。

※事業部制組織における経営、人事・総務は、不正や失敗を防ぐリスク回避を目的として、経営機能とともに本社機能に統括され、事業を管理するケースもある。

　事業部制組織は、多角化企業でよく採用されています。**事業に特化できること**、**異なる業務組織間での交流が活発化する**メリットなどがあります。

　機能別組織は、日本企業でも多く採用されてきました。特定の業務に特化するので、**組織には経験や知識といった技能が蓄積されます**。

　両方に共通する課題は情報交流です。事業部制組織では異なる事業部の情報が、機能別組織では異なる業務の情報が、部門内に滞留することがあります。

　課題を解決する方法として考え出されたのが、**マトリクス組織**です。これは、**業務別、事業別にそれぞれリーダーを設ける方法**で、従業員は、業務の上司、事業の上司という、二人の上司を持つことになります。

48

経済人 &
経営人モデル

「うちの製品だって品質や機能は負けてないのに、なぜライバル製品のほうが売れているのだろう？」。営業であれば、誰もが思ったことがあるかもしれません。新田君も、いよいよ営業らしくなってきました。

良いものが必ずしも売れるわけではない、この疑問や不満に回答をもたらすのが、経済人＆経営人モデルです。

顧客に伝わる価値を
どう創造するか

経済人モデルとは、**人は己の利益を最大化するために、完全に合理的な意思決定ができる**という考え方です。

対して、経営人モデルは、人は「完全に合理的な意思決定」ができるわけではなく、**とりあえず満足できる水準で意思決定を行う**という考え方です。

実際の消費者は、経営人モデルに近いはずです。企業はこのふたつのモデルをうまく使い、営業戦略を立てます。

48 経済人 & 経営人モデル

お茶製品を購入する際の選択基準

経済人モデル

現在、購入が可能なお茶製品は＊＊種類あり、すべての製品の成分を分析すると、カテキンがもっとも多く含まれるのは製品Aだが、私がいま希望する「喉を潤したい」というニーズを満たすうえで調和する成分バランスは、＊を＊％、＊を＊％……なので、理想の成分バランスにもっとも近い製品は、＊＊＊＊＊＊＊になるのである

現実的には、完全に合理的な意思決定などできるわけがない！

経営人モデル

喉渇いた～
ちょうど自販機もあるし、このお茶でいいかな！

完全に合理的な
意思決定をするためには…

判断材料となる知識を完璧に備えていること	&	最適な解を導くための完全無比な論理思考能力を持つこと

「最適化意思決定」と呼ばれる

こんなことは、
神様ではない人間にはできないので…

人は限られた選択肢のなかから、とりあえず自分が満足できる選択を行う

「満足化意思決定」と呼ばれる

上図を見ると、経済人モデルが、いかに現実離れしたものか、わかるでしょう。ところが、我々は日常生活のなかでも、ビジネスシーンにおいても、たびたび経済人モデルが正解であるかのような勘違いをしてしまいます。

例えば、**「良い製品を作れば、必ず売れる」**という考えがあります。

しかし、どんな優れた製品であっても、その良さが消費者に伝わらないこともあります。製品そのものを知る機会がなければ、選択候補にも挙がりません。そして、「良い製品」というのは、往々にして生産者の主観であり、消費者にとっての「良い製品」とは違うケースもあります。

消費者は、神様のような全知全能の力は持っていません。**現実的な消費者像**を持たなければ、どんな優れた戦略もむなしいだけです。

よくあるビジネスのシーン

IKADE 食品の価値を考え始めた新田君と部長でしたが、行き詰まってしまったようです。

「うちの会社の価値って、なんだろう？」。いざ考えると、なかなか難しい問題かもしれません。

コア・コンピタンスは、競合他社との競争に勝ち、市場で生き残るために、とても大切なものです。

基礎知識

正確に把握して最大限に活用したい

コア・コンピタンスとは、競合他社は真似をすることができず、また市場の追従も許さない、その企業の中核をなす価値のことをいいます。

コア・コンピタンスは、企業における成長の源泉です。収益の拡大を目指し、次の戦略を展開する際には、自社のコア・コンピタンスを把握したうえで、最大限に活用できる戦略を考える必要があります。

49 コア・コンピタンス

模倣可能性
Imitability
その技術等が競合に真似できるものかどうか？

移動可能性
Transferability
その技術がほかの製品、ほかの産業でも応用できるものかどうか

代替可能性
Substitutability
その強みや技術が代替することができない、ユニークでオリジナリティあるものかどうか

稀少性
Scarcity
その技術があまり例のないものであり、稀少価値があるかどうか

耐久性
Durability
その強みはたやすく失われるものではなく、長期にわたる競争優位性を期待できるかどうか

コア・コンピタンスを見極める5つの視点

コア・コンピタンスとは、企業の成長戦略の源泉である

　コア・コンピタンスは、ゲイリー・ハメルとプラハラードの共同論文で1990年に登場した概念です。二人は、コア・コンピタンスの事例として、芝刈り機、除雪機、バイク、乗用車、Ｆ１マシンなど、多方面で活用される本田技研工業のエンジン技術を紹介しています。

　ただし、どんな**優れたコア・コンピタンスであっても、いずれは陳腐化**します。**今のコア・コンピタンスに固執すれば、次のコア・コンピタンスの開拓がなおざりになる**からです。

　その一例が、イノベーターのジレンマです。ある技術に固執していると、まったく別の発想によってもたらされた新技術によって過去の遺物となってしまうのです。

50 PDCA

業務改善を行うにあたって、「PDCA」のC、チェックする工程が肝なんですね

そうなのチェックしないと次につながらないのよ

戻ったよ！

Check!

髪の乱れ！

Check！

値札がついたまま！

部長、私生活に「PDCA」を取り入れてはいかがでしょうか？

ハ……ハイ……

よくあるビジネスのシーン

業務改善を行うことになったIKADE食品株式会社営業部。ところが、なかなか意思統一がはかれず……。

異なった立場、異なった意見を持ったメンバーで、同じ目的に向かって邁進するためには、計画的にプロジェクトを遂行しなければなりません。そのためには、PDCAのようなプロジェクト管理手法をうまく使うことが必要です。

基礎知識

チェックし、改善することで
次へスムーズにつなげられる

PDCAとは、プロジェクト管理手法のひとつです。Plan（計画）→ Do（実行）→ Check（評価）→ Act（改善）のサイクルを回すことで、計画に沿って質の良いプロジェクトを進行しながら、問題点や解決策の洗い出しを行うことができるため、次のプロジェクトへとスムーズにつながっていきます。プロジェクト管理手法は数多くありますが、もっとも有名かつ広く知られています。

50 PDCA

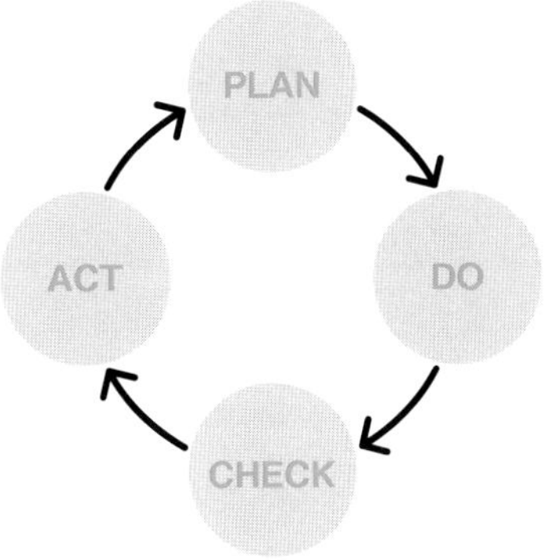

PDCAサイクルの
一般的なイメージ図

左の図だと、改善（ACT）のポイントを洗い出
したあと、再び同じ計画（PLAN）に基づき、
PDCAサイクルを回すように見えてしまう。

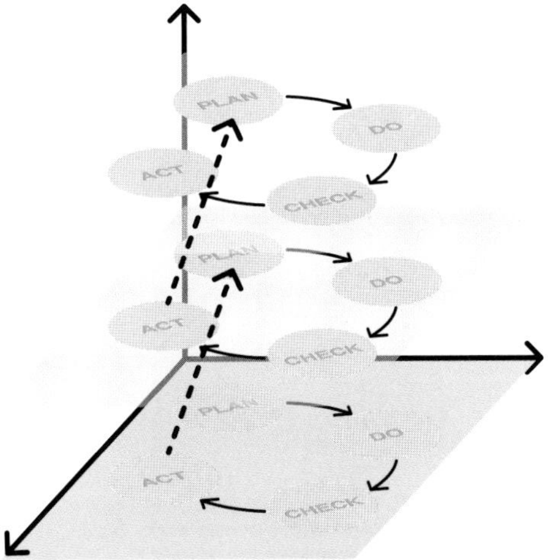

PDCAサイクルで大切なのは
「Spiral up」のフェーズ。1回目
のPDCAサイクルで得られた
改善（ACT）を反映し、2回目の
PDCAサイクルにおける計画（
PLAN）に改善項目を取り込む
こと。これによってPDCAサイ
クルを何度も回しながらプロ
ジェクト全体の成果を高めて
いくことを目指す。

PDCA は継続的に行われるプロジェクトに対し、特に有効な方法です。
1回目の PDCA で得られた改善点を、次回の PDCA に反映することで、
PDCAの質と精度を高めることができます。これを**スパイラルアップ**（Spiral
up）と呼びます。

PDCA を、何度も繰り返しながら、より高く、大きな成果を目指す、つ
まりスパイラルアップしていく場合、単なる PDCA ではなく **PDCA サイク
ル**と呼ばれることもあります。サイクルとは、周期のことです。

関連ワード **ガントチャート**
プロジェクトのタスクや工程を、カレンダー上に並べて進捗管理を行う手法。
PDCAと違い、開発など、一回で終わるプロジェクトでよく使われる。

51 組織行動論

よくあるビジネスのシーン

落ち込んでしまった部長と新田君。気持ちが落ち込んだままでは、仕事にも影響が出てしまいそうです。

従業員のモチベーションは、業務にも影響が出ます。もし、従業員のモチベーションダウンの原因が、企業側にあったら大問題です。

組織行動論は、企業で働く「人」に注目する学問です。

基礎知識

一人ひとりのパフォーマンスが企業の力を生み出す

組織行動論とは、**企業という組織のなかで、人（従業員）が、企業の生産性、収益などに影響を及ぼす個人行動、集団行動、そして組織そのものの行動を研究する**ものです。

従業員一人ひとりのパフォーマンスは、企業のパフォーマンスにつながります。**人（従業員）のパフォーマンスを最大化する方法を、企業は考えなければならない**のです。

51 組織行動論

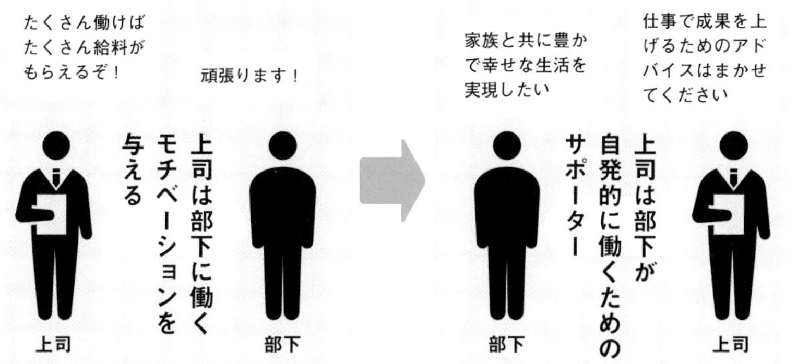

たくさん働けばたくさん給料がもらえるぞ！
頑張ります！
上司は部下に働くモチベーションを与える
上司
部下
家族と共に豊かで幸せな生活を実現したい
仕事で成果を上げるためのアドバイスはまかせてください
上司は部下が自発的に働くためのサポーター
部下
上司

「働かされる」時代から「自己実現のために働く」時代へと変わってきている

個人レベル
個人の行動・態度が、職場や仕事内容に対する満足度、ひいては生産性に対して与える影響を研究する

▶

集団レベル
組織内にある、公式・非公式な集団において、構成員の満足度と生産性を高める方法を研究しつつ、集団が個人に与える影響も研究する

▶

組織レベル
組織構造や企業文化（組織文化）が、個人や集団の生産性を通じて企業の収益に対して与える影響を研究する

組織行動論における研究方法の一例
組織行動論は最終的に、企業の組織構造、従業員へのインセンティブ、企業理念などの再構築へとつながっていく。

人は、なぜ働くのでしょうか？

かつて多くの企業では、「人は労働の義務がある」という前提のもと、働くためのモチベーション（給料アップや社会的地位の向上など）は、企業が与えていました。

しかし、最新の研究では、人はやらされるよりも自ら望んで行動を起こしたときのほうが、高いパフォーマンスを発揮することがわかっています。そのため、**企業は個人の自己実現をサポートするための場である**、という考え方に変わってきました。

働くことの意味が、社会の変遷とともに変わりつつある今、**企業も人（従業員）への考え方を時代に合わせアップデートする必要**に迫られているのです。

目標管理で従業員の成長を促す

52 MBO

よくあるビジネスのシーン

新田君はまた、目標を達成できなかったもよう。どうやら、萎縮してしまい、プレッシャーがかかっているようです。

従業員と企業の成長を促すための目標管理が、なぜプレッシャーに変わってしまうのか。

目標管理手法の代表である、MBOを学んで、その問題点を知りましょう。

基礎知識

目標の達成を目指すことで
人の育成をはかる

MBO（Management By Objective／目標管理制度）とは、従業員一人ひとりに対して目標数値を定め、目標の達成度をチェックする評価制度です。「売上目標＊＊万円」のようなものなので、ノルマと同じものと、考える人も多いでしょう。

日本では、成果主義の広がりとともに、MBOが数字至上主義として独り歩きしてしまったきらいがあります。

52 MBO

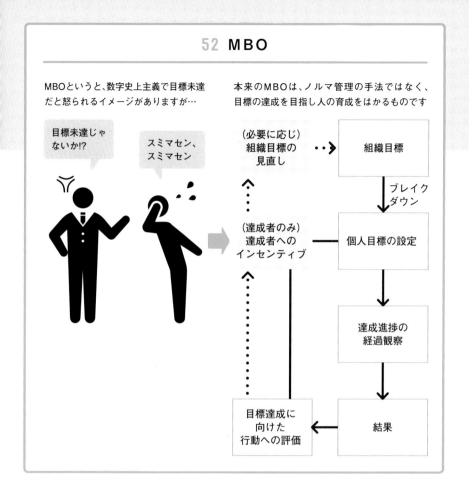

MBOというと、数字史上主義で目標未達だと怒られるイメージがありますが…

目標未達じゃないか!?

スミマセン、スミマセン

本来のMBOは、ノルマ管理の手法ではなく、目標の達成を目指し人の育成をはかるものです

（必要に応じ）組織目標の見直し

組織目標

ブレイクダウン

（達成者のみ）達成者へのインセンティブ

個人目標の設定

達成進捗の経過観察

目標達成に向けた行動への評価

結果

　MBOは、**目標と評価の関係がわかりやすく、従業員のモチベーションやスキルの向上に役立ちます**。半面、目標の達成／未達成だけをクローズアップし、目標達成に向けた行動に対する評価や従業員への指導育成が疎かになると、従業員のモチベーションダウンにつながるなど、逆効果になります。

　そういった反省から、例えばOKR（下記参照）など、**評価を行いつつも、従業員、ひいては会社の成長も促す目標管理手法**が登場し始めています。

関連ワード　関連ワード
OKR（Objectives and Key Results）
あえて挑戦的な目標を掲げることで、個人と組織双方の成長を促す目標管理手法。
Googleやメルカリなどが採用している。

53 3種の資本

よくあるビジネスのシーン

秋葉さんは今のところ転職は考えていないようですが、自分に対する会社の評価が低いと感じたことを理由として、会社を退職してしまう人は少なくありません。

では、そもそも、優れた人材とはどういう人でしょう？

ビジネスパーソンに必要とされる、3種の資本は、そのヒントとなります。

基礎知識

企業が従業員に求める
3つの資質

3種の資本とは、「人的資本（Human Capital）」「社会資本（Social Capital）」「心理資本（Psychological Capital）」の3つを指し、**人が良い仕事をして成長するために、不可欠な要素である**と考えられています。

特に注目されるのが**心理資本**です。**仕事に対する心がまえ、責任感などのポジティブな心理状態**を保つことが、高いパフォーマンスにつながります。

53　3種の資本

人的資本
（Human Capital）

その人が持つスキルや
知識などの価値

3種の資本

心理資本
〈Psychological Capital〉

その人が持つ仕事に
対する心構え、
責任感などの
心理的面の価値

社会資本
（Social Capital）

その人が持つ
社内外での信頼に
基づく人的ネット
ワークの価値

**心理的資本の
構成要素**

**頭文字を取って
HEROとすると
覚えやすい**

Hope（希望）
Efficacy（効力感）
Resilience（心の強さ）
Optimism（楽観性）

企業は、3種の資本を健全に備えた人材を育成する必要がある

　3種の資本は、**ビジネスパーソンとして必要な条件**であるとともに、**企業と従業員の関係をはかるもの**でもあります。

　例えば、知識も豊富で（人的資本）、社外での人脈も豊富な（社会資本）営業担当がいるとしましょう。しかし、社内では冷遇されており、出世の道も閉ざされていることから、仕事に対するモチベーション（心理資本）は低いとしたら、どうでしょうか？

　仮に、その営業担当が、ヘッドハンティングを受けたら、応じてしまう可能性は高いでしょう。

　企業は、従業員の3種の資本が、健全に育成される環境や組織、インセンティブなどを整えなければならないのです。

会社を成長に導くリーダーとは？

54 リーダーシップ論

よくあるビジネスのシーン

新田君や秋葉さんは、上司について考えています。厳しすぎるのもツライですが、親しみやすすぎるのもいかがなものでしょうか。

組織が成長するかどうかは、リーダーの素質に大きく影響されます。リーダーへの不満が募り、会社をやめる人も。企業に求められるリーダーシップについて、考えてみましょう。

基礎知識

**目標達成はもちろん
組織維持も大切な役目**

リーダーシップ論とは、**企業におけるあるべきリーダーの資質と、リーダーのスタイルによって変わる組織運営の方法を考えるもの**です。

かつて理想のリーダー像は、目標達成に向け強烈な牽引力を発揮するカリスマ型のリーダーでした。

しかし現在では、目標達成だけでなく、**組織維持もリーダーの大切な役目**であると考えられています。

54 リーダーシップ論

ダニエル・ゴールマンによる「6つのリーダーシップスタイル」

牽引・独裁型 ← → 協調・移譲型

命令型
(Commanding Leadership)

リーダーは命令を出し、メンバーには遵守を強いる

向いている組織：
メンバーに自主性がなく、短期的な成果を求められる組織

ビジョン型
(Vision Leadership)

部下に高めのビジョンを示し、達成方法の立案と実行は部下に任せる

向いている組織：
メンバーのモチベーション、能力が高い組織。急成長中の組織

調整型
(Democratic Leadership)

メンバーの自主性、能力を尊重し、メンバーとともに意思決定を行う

向いている組織：
メンバーのモチベーションが高い。メンバー間の利害関係などによって、組織内の関係が良くないとき

率先垂範型
(Pacesetting Leadership)

高い業務遂行能力を備えるリーダーが、模範を示しながらメンバーを牽引する率先垂範型

向いている組織：
リーダーの能力が突出している。リーダーのモチベーション、能力がある程度高い。実力重視の組織

コーチ型
(Coaching Leadership)

部下の性格やスキルを把握、自主性を促しながらポテンシャルを最大化する方法へと導く

向いている組織：
メンバーとリーダーの関係が良好で、モチベーションも高い。短期的な成果を求められていない組織

仲良し型
(Affiliative Leadership)

リーダー自身の力不足を認め、メンバーに補ってもらいながら、組織を運営する

向いている組織：
メンバーの人柄や人間関係が良い

あらゆる状況や市場、組織において、常に最善の結果を出し続けることができる、普遍的なリーダーシップは存在しません。

例えば、上図における「命令型」や「率先垂範型」は、20世紀、農村部から都市部に出てきて、「自分は嫌々働かされている」といった意識のある労働者には有効な方法でした。

しかし、社会が成熟し、生活が豊かになるにつれて、労働者の意識も変わります。「命令型」や「率先垂範型」では短期的な成果は出ても、離職者が増え、長期的には収益が下がる結果も観察されています。

今日では、「ビジョン型」「コーチ型」のような、**自発的に仕事を行うことでスキルも成長する手法が高い成果を上げ**、注目を集めています。

第 7 章

生産管理の手法

経営戦略やマーケティングで戦い方を決め、きちんと組織立てたら、次にすべきは生産管理です。経営計画、事業計画にしたがって生産活動を行い、総合的に管理していくことを言います。さまざまな生産管理の手法を見ていきましょう。

製造業における根幹

原材料の調達、生産を行うための設備、そして人の適切な配置など、もの作りにはさまざまな要素が必要です。生産管理は、これらの要素を最適かつ計画的に遂行する役目を言います。

55 | 生産管理

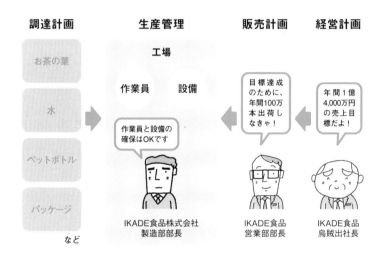

経営計画、販売計画からブレイクダウンして製造量を決定、
調達計画も考慮しながら、製造するための設備、人を確保するなど、
製造にかかる管理を一手に担うのが、生産管理の役目

製造に原材料や部品、そして設備や人材が必要なのは、当たり前のことのように思えますが、実際、現場では複数の製品がランダムに作られているため、当然、それを管理するのは複雑極まるものになります。

メーカー発の生産方式

日米の自動車メーカーが生んだ、二大生産方式。大量生産や在庫を持たないなど、発想を転換したり、時代のニーズを捉えたりすることで、大きな利益を生み出した例です。

56 | フォード生産方式

フォード生産方式

部品の規格化	部品の規格化	製造工程の細分化
T型フォードだけを19年間にわたり製造	部品製造用機械の加工精度を向上させ、部品互換性を実現	作業を細分化・平準化し、ベルトコンベアにより流れ作業を実現

フォードは大量生産を加速し、増産を続けた。
原材料や部品を扱う各種メーカーは、フォードの要求に応えられなくなり、フォードは製鉄所やガラス工場、ゴム工場まで、自前で建設した。ついには、「鉄鉱石を運び入れてから28時間で自動車が完成する」という究極の大量生産をフォードは実現した。

大量生産の目的は、製造コストの削減です。アメリカの自転車メーカー・フォードが開発したフォード生産方式が代表的。時代のニーズから生まれた生産方式です。

57 | リーン生産方式

リーン生産方式（トヨタ生産方式）は、「自働化」と「ジャストインタイム」を2つの軸とする

こちらは日本の企業・トヨタ自動車発の生産方式です。「自働化」と「ジャストインタイム」を両輪としたシステムで、「KAIZEN」は世界標準語となりつつあります。

58 | かんばん方式

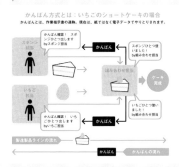

かんばん方式とは：いちごのショートケーキの場合
かんばんとは、作業指示書の通称。現在は、紙ではなく電子データでやりとりされます。

リーン生産方式（→ P190参照）のひとつ。生産現場の「ムダ・ムラ・ムリ」を徹底的になくすしくみを言います。在庫を持たないという考え方がもとになっています。

無駄を省いて利益を生む

生産に関わる工程はもちろん、経費や売上なども管理する必要があります。一番わかりやすいのは「損益分岐点」。経費が持ち出しにならないよう、売上の目標を定めることができます。

59 | 損益分岐点

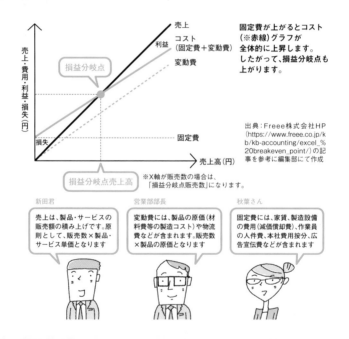

固定費が上がるとコスト（※赤線）グラフが全体的に上昇します。したがって、損益分岐点も上がります。

出典：Freee株式会社HP（https://www.freee.co.jp/kb/kb-accounting/excel_%20breakeven_point/）の記事を参考に編集部にて作成

※X軸が販売数の場合は、「損益分岐点販売数」になります。

新田君
> 売上は、製品・サービスの販売額の積み上げです。原則として、販売数×製品・サービス単価となります

営業部部長
> 変動費には、製品の原価（材料費等の製造コスト）や物流費などが含まれます。販売数×製品の原価となります

秋葉さん
> 固定費には、家賃、製造設備の費用（減価償却費）、作業員の人件費、本社費用按分、広告宣伝費などが含まれます

変動費と固定費を計算し、「どこの時点から黒字になるか」を計算する方法です。文字どおり、経費と利益が相殺し合う分岐点を明らかにすることを言います。

川上から川下まで

生産から消費までを1本の川にたとえると、生産者が川上で、消費者（実需者）が川下となります。この一大チェーンを全体最適化しようという考え方が、サプライチェーン・マネジメントです。

60 サプライチェーン・マネジメント

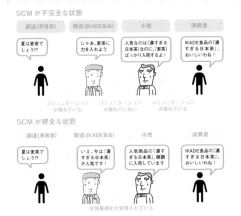

流通の川上から川下までを、一貫して最適化することを言います。生産および流通ライン全体の最適化につながります。需要予測も、精度を上げる大切な要素のひとつです。

61 Build to Order
ビルド トゥ オーダー

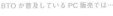

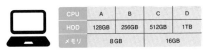

リードタイム短縮を目的として、部品を在庫しておき、注文が入ったら組み立てる手法です。受注生産より時短になり、見込み生産よりも融通が利きます。

製造に必要な要素をすべて管理する

55 生産管理

IKADE食品株式会社の工場が、予想外のアクシデントに見舞われてしまったようです。製造業では、予定した製品を日々製造することができるように、材料、設備、作業員など、製造に必要な要素を管理しています。これを生産管理と言います。IKADE食品株式会社のように何らかのアクシデントが発生すると、生産管理の修正が必要となります。

基礎知識

最適かつ計画的に諸要素を管理する

生産管理は製造業の根幹であり、**経営計画や販売計画に基づき、製品の製造を計画し、製造工程を総合的に管理**するものです。

もの作りには、原材料の調達が必要です。また、生産を行うための設備や人を適切に配置する必要もあります。

生産管理では、製造にかかる**これらの要素を、最適かつ計画的に遂行する**役目を担います。

55 生産管理

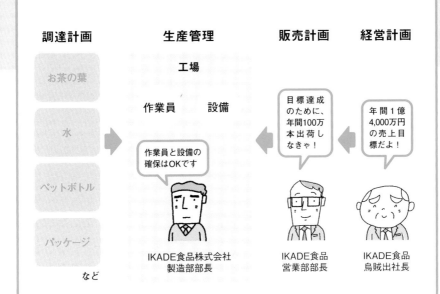

調達計画

お茶の葉

水

ペットボトル

パッケージ

など

生産管理

工場

作業員　　設備

作業員と設備の
確保はOKです

IKADE食品株式会社
製造部部長

販売計画

目標達成
のために、
年間100万
本出荷し
なきゃ！

IKADE食品
営業部部長

経営計画

年間1億
4,000万円
の売上目
標だよ！

IKADE食品
烏賊出社長

経営計画、販売計画からブレイクダウンして製造量を決定、
調達計画も考慮しながら、製造するための設備、人を確保するなど、
製造にかかる管理を一手に担うのが、生産管理の役目

　製造は、原材料や部品をもとに、製品を完成させる必要があります。当然、原材料・部品に過不足があれば、予定した数量の製品が完成しません。また、製品を無尽蔵に作るわけにはいきません。市場の需要と販売計画を勘案し、適切な数量を製造しなければなりません。

　当たり前のようですが、実際の現場では、複数の製品を生産し、生産数量も日々変わります。**生産管理は、複雑極まるもの**になります。

　生産管理は、**製造業の根幹を担う、重要な業務**です。**生産効率の向上は、製造業における重要課題**であり、さまざまな生産管理手法が発明されてきました。フォード生産方式（→P188参照）やリーン生産方式（→P190参照）は、その代表例です。

大量生産時代の幕開け

56 フォード生産方式

大量生産のおかげね

よく考えると
このレベルのお茶が
手頃な値段で飲める
ってすごいことですよね

大量生産っていつから始まったんですか？

ん？！

20世紀の初頭、
有名なのは
「フォード
生産方式」ね

部品調達が
間に合わなくなって
製鉄所や部品工場
を自前で造った
らしいわよ

じゃあ、うちは
ペットボトルの
自社工場の
造りましょうよ！

要りませんっ！
そもそも余るほど
間に合ってるわよっ！

ウチ
カッコ
イイ

なによ！
キラーン♪

キラーン！

ペットボトルのお茶に限らず、現在私たちは、さまざまなものを手頃な価格で手に入れることができます。これには、大量生産の普及が貢献しています。大量生産方式の黎明期、圧倒的な生産力を実現したのが、アメリカの自動車メーカー・フォードが開発したフォード生産方式です。いったいどんな生産方式なのでしょうか。

基礎知識

大量生産を可能にした
世界共通の方法論

フォード生産方式とは、アメリカの自動車メーカー・フォードが、1900年代初頭に行った大量生産方式のことです。

その特徴は3つ。「製品の標準化」（T型フォードのみを製造）、「部品の規格化」（互換性部品の発明）、「製造工程の細分化」（移動式組立ライン）です。

フォード生産方式は、大量生産方式の祖として、広く知られています。

56 フォード生産方式

フォード生産方式

製品の標準化	部品の規格化	製造工程の細分化
T型フォードだけを19年間にわたり製造	部品製造専用機械の加工精度を向上させ、部品互換性を実現	作業を細分化・単純化し、ベルトコンベアにより流れ作業を実現

フォードは大量生産を加速し、増産を続けた。
原材料や部品を扱う各種メーカーは、フォードの要求に応えられなくなり、
フォードは製鉄所やガラス工場、ゴム工場まで、自前で建設した。
ついには、「鉄鉱石を運び入れてから28時間で自動車が完成する」
という究極の大量生産をフォードは実現した。

　フォード生産方式は、大量生産方式の始祖としてたびたび取り上げられます。フォードT型が発売された20世紀初頭のアメリカでは、社会が豊かになり、ものが大量に消費され始めていました。**大量生産は、社会のニーズだったといえます。**

　フォード生産方式の特徴は、最初からデザインされたものではないということ。**大量生産と製造コストの削減を目的に、何度も地道な切磋琢磨を繰り返した結果であって、後からまとめあげた方法論**なのです。

　フォード生産方式が生んだフォードT型は19年間フルモデルチェンジがないまま1,500万台も製造されました。**生産ラインは、フォードT型に特化しすぎたため、モデルチェンジの際には、切り替えに1年かかった**そうです。

新田君は、外国からの旅行客が、口々に「KAIZEN」と言っているのを聞いて、大いに感心しています。

生産現場の無駄を省き、さらなる効率化と生産性向上をはかるのは国を問わず課題ですが、実は日本初の生産効率化が世界を席巻していることをご存じですか？

それが、リーン生産方式なのです。

基礎知識

今や世界共通語となった KAIZEN

　リーン生産方式（トヨタ生産方式）とは、トヨタ自動車が編み出した生産方式のことです。

　生産現場の「ムダ・ムラ・ムリ」を徹底的になくすことを目的としたこの方式は、「ジャストインタイム」（JIT）と「自働化」が軸となります。また、本方式の要のひとつである改善活動は、「KAIZEN」として見習われ、世界中の生産現場に広がりました。

57 リーン生産方式

リーン生産方式（トヨタ生産方式）は、
「自働化」と「ジャストインタイム」を2つの軸とする

自働化
※「自動化」ではなく、にんべんの「働」であることに注目！

標準作業に
あてはまらない事態
　　　　　　　　機械が異常を
　　　　　　　　検知して知らせる

ラインを　日々改善
止める

自働化とは、製造設
備が異常を自動検知
し、停止、人に通知す
るしくみのこと

管理・監督者が　標準作業に
原因を取り除く　組み込む

良い製品が作れる

ジャストインタイム

かんばん
方式

かんばん方式は、
ジャストインタイム
に含まれる

→P192参照

自働化を実現するためには

まず手作業で
作り込む　→　何度も
試行錯誤を
繰り返す　→　異常が発生
したら
改善！　→　作業標準化が
達成される　→　量産ラインへ
組み込む

「機械やロボットは自ら考え、勝手に
進化したわけではなく、匠の技能を移
植することで進化することができた」　→　改善（KAIZEN）が、トヨタの価値を生
み出した！

　リーン生産方式では、**しくみを作り、一つひとつ改善を積み上げていきま
す**。特徴的なのは、しくみと改善活動の担い手です。

　リーン生産方式では、**現場の作業者たちが中心となって改善活動を行いま
した**。現場作業者に単純作業を強いたフォード生産方式（→ P188参照）と
はここが違います。

　リーン生産方式では、良い製品を作るためには、**人と機械の協働が不可欠**
だと考えています。その思想ゆえ、例えば、トヨタの子ども向けサイトでは、
人がいない無人工場ではトヨタの品質は保てないと断言しています。

　「ムダの徹底的排除の思想と造り方の合理性」を求めた**リーン生産方式の思
想は、今では世界中で生産現場の教科書**となっています。

「在庫＝悪」。発想を転換した産物

58 かんばん方式

部長！倉庫がペットボトルの在庫で埋まってて販促資材が入りません！

うちは「かんばん方式」なのに…工場長には言った？

言いましたよ〜「今回は上の指示だ」って涼しい顔で…

ブゥ

誰の入れ知恵だろ？

決まってますよあの人ですよ！

たくさんあると安心！安心！

チョコに♪クッキー♪ポテチもラララ〜♪

キャハッ

よくあるビジネスのシーン

工場の過剰在庫に憤慨する新田君ですが、工場からしてみると、「もしペットボトルがなかったら、うちのお茶製品を作れないし……」という心配もあるのでしょう。

材料や部品を余計に在庫するというのは、いざというときの安心感のためです。しかし、その安心感に待ったをかけたのが、かんばん方式なのです。

基礎知識

電子データでやりとりする作業指示書

かんばん方式は、トヨタ自動車が考えた「リーン生産方式」（トヨタ生産方式）のひとつで、「ジャストインタイム」（JIT）で用いられる手法です。

JITとは、生産現場の「ムダ・ムラ・ムリ」を徹底的になくすしくみであり、在庫は必要な分だけしか持ちません。かんばん方式とは、在庫を減らす工夫が記された作業指示書を「かんばん」と呼んだことに由来しています。

58 かんばん方式

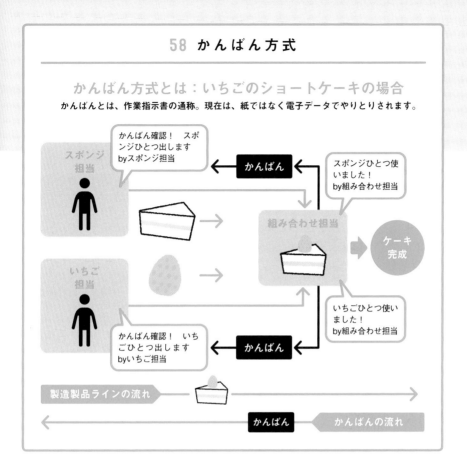

かんばん方式とは：いちごのショートケーキの場合

かんばんとは、作業指示書の通称。現在は、紙ではなく電子データでやりとりされます。

　ものを製造するためには、その材料や部品が必要となります。「材料や部品は多めに在庫しておくべし！」というのが主流だった当時、トヨタは「**在庫は悪である**」と言い始めました。

　在庫を持ちたがるのは、「もし？」のためです。「もし、材料が足りなくなったら」。その不安を解消するために、在庫に余裕を持ちたくなります。しかしトヨタは、「もし？」の心が、「ムダ・ムラ・ムリ」の原因となっていると考えたのです。

関連ワード ▶ **リーン生産方式**
　トヨタ自動車が考えた、
　「ムダの徹底的排除の思想と造り方の合理性」を追求した生産管理システム。
　→P190参照。

新商品や新サービスを企画する際に、避けては通れないのが販売計画です。作るほうはものすごく良い製品だと思っても、販売計画を立ててみたら、まるで儲からない商品だった、などということもあります。

儲かる or 儲からないを見極める最重要ポイントである、損益分岐点について学びましょう。

基礎知識

製品・サービス開発の 最重要要素

損益分岐点とは、売上高とコストの金額が等しくなる売上高ないし販売数のこと。

損益分岐点のポイントは、固定費にあります。固定費とは、製造設備や工場の人件費などで、販売数に関係なく、必ずかかる費用です。

固定費が高いか粗利（売上と原価の差額）が低いと、損益分岐点は上がります。

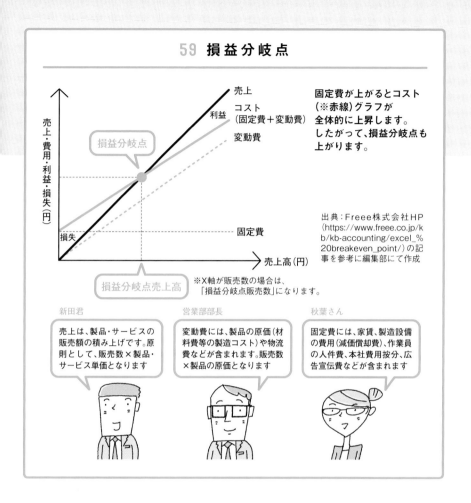

59 損益分岐点

固定費が上がるとコスト（※赤線）グラフが全体的に上昇します。したがって、損益分岐点も上がります。

出典：Freee株式会社HP
（https://www.free.co.jp/kb/kb-accounting/excel_%20breakeven_point/）の記事を参考に編集部にて作成

※X軸が販売数の場合は、「損益分岐点販売数」になります。

新田君
> 売上は、製品・サービスの販売額の積み上げです。原則として、販売数×製品・サービス単価となります

営業部部長
> 変動費には、製品の原価（材料費等の製造コスト）や物流費などが含まれます。販売数×製品の原価となります

秋葉さん
> 固定費には、家賃、製造設備の費用（減価償却費）、作業員の人件費、本社費用按分、広告宣伝費などが含まれます

　新しい製品・サービスを開発する際には、マーケティング、企画、製造プラン、販売計画などのビジネスモデル設計を行いますが、なかでも損益分岐点は、特に重要な要素です。

　最初から利益が出る製品など、まずありません。**製品・サービスの販売が伸び、損益分岐点に達するまでには一定の期間が必要で、数年を要することも当たり前**です。しかし、例えば、毎年新モデルが発売されるスマートフォンのような製品は、**損益分岐点に達するまでに数年かかってしまうと、利益はおろか、永遠に固定費を回収することすらできません。**

　損益分岐点が非現実的な値となった場合には、**販売価格や販売計画はもちろん、製品・サービス企画の見直しが必要**となることもあります。

サプライチェーン・マネジメント

よくあるビジネスのシーン

新田君とIKADE食品株式会社営業部は、お客様に怒られてしまいました。顧客はたくさんあります。「まめに訪問する」というのも、日々忙しい営業部員には難しいかもしれません。流通プロセスには、複数の企業がかかわります。皆が幸せになるためには流通プロセス全体を見渡す力＝サプライチェーン・マネジメントが必要なのです。

基礎知識

SCMが健全だと全体最適化が実現できる

SCM（Supply Chain Management／サプライチェーン・マネジメント）とは、原材料の調達から製造、最終消費者への販売に至る一連の流通プロセスについて、最適化を目指すマネジメント手法です。

SCMは、一社内部での最適化（部分最適化）ではなく、複数の企業をまたぐ最適化（全体最適化）である点がポイントとなります。

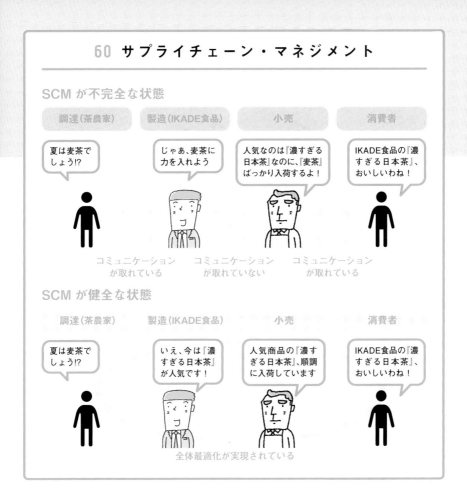

60 サプライチェーン・マネジメント

SCM が不完全な状態

調達（茶農家）	製造（IKADE食品）	小売	消費者

夏は麦茶でしょう!?

じゃあ、麦茶に力を入れよう

人気なのは『濃すぎる日本茶』なのに、『麦茶』ばっかり入荷するよ！

IKADE食品の『濃すぎる日本茶』、おいしいわね！

コミュニケーションが取れている　コミュニケーションが取れていない　コミュニケーションが取れている

SCM が健全な状態

調達（茶農家）	製造（IKADE食品）	小売	消費者

夏は麦茶でしょう!?

いえ、今は『濃すぎる日本茶』が人気です！

人気商品の『濃すぎる日本茶』、順調に入荷しています

IKADE食品の『濃すぎる日本茶』、おいしいわね！

全体最適化が実現されている

　現在、ビジネスはどんどん複雑化し、ひとつの製品が流通するプロセスには、当然のように複数の企業が関連します。

「風が吹けば桶屋が儲かる」という言葉がありますが、**流通プロセスの誰かが課題を抱えると、消費者への商品供給が滞り、結果として、その製品に関わるすべての企業に機会損失等の不幸が連鎖**します。

　SCM は、**流通プロセスの全体最適化を行うことで、製品供給のリードタイムや在庫を縮小し、製造設備や物流センターの稼働率や生産性を向上**させることができます。

　最近、SCM で重要視されているのが**需要予測**です。過去の販売データなどをもとに、適切な需要予測を行うことで、SCM の精度を高めています。

自分の好みにビルドアップできる

61 Build to Order
ビルド トゥ オーダー

新しいPC買っちゃいました〜♪

イェイ！

あら、いいわね〜！

へえ

CPUやメモリなどボクぴったりのスペックが選択できてすぐに届いたんですよ

それって、「BTO」パソコンってヤツよね

でも、個別受注生産の手作り感もいいのよ〜

個別受注生産でなに買ったんですか？

ミーたんバービーたんと同じ服でちゅよ〜

メイショー〜

よくあるビジネスのシーン

新田君のように、PC は、自分の用途や好みに応じて、CPU、HDD、メモリやディスプレイなどを選択したいという人も少なくありません。

メーカー側も消費者のニーズに応え、さまざまな仕様選択ができるようにラインナップを広げつつ、しかも比較的短期間で手元まで届けます。

このしくみを BTO といいます。

基礎知識

**圧倒的な
在庫削減の手法**

BTO（Build to Order）とは、**製品を構成する部品を在庫しておき、顧客から注文を受けてから組み立てを行い、製品を完成させること**を言います。

あらかじめ完成製品を在庫する**見込み生産**よりも融通が利き、注文を受けてゼロから製造を開始する**受注生産**よりも、顧客へ製品を届けるまでのリードタイムを短縮**する**ことができます。

61 Build to Order

BTO が普及している PC 販売では…

CPU	A	B	C	D
HDD	128GB	256GB	512GB	1TB
メモリ	8 GB		16GB	

さまざまな組み合わせがあり、
これらをすべて完成品として在庫するのは大変です。

BTO にすると…

部材の状態で在庫していると

筐体

CPU　HDD　メモリ

メリット1
完成品で在庫するよりも、
圧倒的に在庫数を減らせます

メリット2
共通する部材は、ほかの製品でも利用
可能なので、さらに在庫圧縮が進みます

　企業は顧客の利便性を考えサービス向上に努めなければなりませんが、**生産管理は企業内における最適化を目指すもの**です。つまり、一概には言えませんが、**生産管理と顧客満足度は矛盾する**ことがあります。

　もし、材料や部材の在庫を一切持たない、完全な受注生産を実施したらどうでしょう。企業は在庫リスクをすべて回避できる代わりに、**顧客は製品が届くまで待たされることにより、顧客満足度は低下**します。だからと言って、見込み生産を行い、**大量の売れ残りを出してしまうと、企業の収益は大きく低下**します。

　この顧客満足度と生産管理のちょうど良いバランスを生み出すために、BTO という生産管理方式が生まれたのです。

第 **8** 章

企業会計

企業の経済を一定のルールに基づいて記録し、判断するのが企業会計です。ここから得られた情報は、ステークホルダーに株主総会などで報告されます。

お金の動きで企業を診断

お金の動き・流れを知ることで、企業の業績を判断します。株式会社は、株主とこの情報を共有します。「企業の通信簿のようなもの」と理解しておいてください。

62 アカウンティング

財務諸表を株主に公開することで、お金の動きという観点から企業活動を報告するためのものです。

63 活動基準原価計算

より詳細にコストを把握すること。具体的には製品・サービスにかかる間接費をプロセスごとに分割して按分を出します。

64 P/L

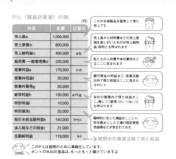

通常1年分の、事業の収支を示す決算書で、損益計算書のことです。B/S、CFを合わせて財務諸表と言います。

"もしも"のときに必要!?

M&Aや黒字倒産は、そうそう起こることではありませんが、「のれん」や「キャッシュフロー」を理解しておかないと、いざというときに慌てることにもなりかねないのです。

65 | のれん

「のれん」と呼ばれる理由

のれんは「暖簾」のことです。
小料理屋や居酒屋の入口にかかっている「暖簾」です。
暖簾は、入口の飾りという本来の意味から転じて、
そのお店の格式や信用といったブランド力を
表すようになりました。
企業の「見えない資産価値」を「のれん」と呼ぶのは、
「暖簾」が示すブランド力から由来しているのです。

事例

ブランド力　技術力　営業力　など

純資産 1,000億円の会社
※純資産=「企業資産総額」−「負債総額」

のれんの価値：200億

＝ 買収金額：1,200億円

M&Aの際に必要となります。企業の「見えない資産価値」のことです。純資産に、このれんの価値を足した額がその会社の代金、すなわち買収金額となります。

66 | キャッシュフロー

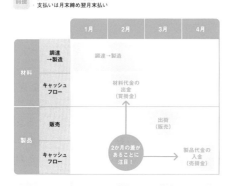

ある製品を生産したときのお金の動き

前提　・製造に2か月かかる製品
　　　・支払いは月末締め翌月末払い

		1月	2月	3月	4月
材料	調達→製造	調達→製造			
	キャッシュフロー		材料代金の出金（買掛金）		
製品	販売			出荷（販売）	
	キャッシュフロー		2か月の差があることに注目！		製品代金の入金（売掛金）

品物を納めたら即、お金が入るわけではありません。後で精算する「掛け」では、入金サイトを理解しておくことが必要です。管理不足では黒字倒産の危険性もあります。

［健全な経営ができているか］

経営指標やファイナンスは、経営が健全に行われているかを判断するツールとなります。どちらも、お金の観点から企業の状態を判断します。継続的に健全な経営を続けるためには現状を常に把握しておく必要があります。

67 | 経営指標

代表的な経営指標と計算式

総資本経営利益率（ROA）
＝経常利益／総資本×100%
→ 企業の収益性を診る。高いほど良い

● 売上から診る

売上高経常利益率
＝経常利益／売上高×100%
→ 利益の状態を診る。高いほど良い

売上高総利益率
＝売上総利益／売上高×100%
→ 製品・サービスの収益性を診る。
高いほど良い

売上原価率
＝売上原価／売上高×100%
→ 原価の割合を診る。低いほど良い

● 資本の運用効率を診る

総資本回転率
＝売上高／総資本（回）
→ 投資資本の運用効率を診る。高いほど良い

固定資産回転率
＝売上高／固定資産（回）
→ 設備投資が適切かどうか。高いほど良い

● 生産性分析

労働分配率
＝人件費／付加価値×100%
→ 付加価値に対する人件費の割合。
低いほうが良い、目安は50%程度

● 安全性の分析

自己資本比率
＝自己資本／総資本×100%
→ 自己資本の割合。
高いほど独立性が保たれている

経営指標には、さらに細分化された複数の指標と理想の数値が定められていて、各項目は計算で出すことができます。健康診断の数値と同じようなものです。

68 | ファイナンス

ファイナンスはなぜ大切なのか

「売れれば良い！」でどんぶり勘定の経営をすると、このようなことになる。
お金の流れを考え、適切な資金調達を行いながら経営をしなければ、会社が倒産する。

事業に必要なお金を調達して、事業に配分することを言います。入金になるまでの運転資金をどうするか、事業の儲けで相殺することができるのかを判断します。

新しい経営のカタチ

5Gを迎え、企業経営はますます変革していくと予想されます。経営学もそれにつれて、発展して行かねばなりません。最後に、金融がらみの新しい潮流を2つ、ご紹介します。

69 ベンチャーキャピタル

通常、若い企業は資金に余裕がありません。そこで、ベンチャー企業に投資をする組織が存在します。経営支援を行う代わりに、経営へ干渉する権利もあります。

70 フィンテック

フィンテックのサービス例

金融と最新テクノロジーは結構相性が良いもの。この2つを組み合わせた造語がフィンテックです。明確な定義はなく、さまざまなサービスが生まれています。

62 アカウンティング

よくあるビジネスのシーン

いつも陽気な社長ですが、今回は筆頭株主であるお母さまに、こってりと搾られたようです。

さて、株主は、どうやって経営状態を判断するのでしょうか？　営業報告、事業方針——もちろん、それも大切ですが、もっと大切なのが財務諸表です。企業会計を扱う本章では、まずアカウンティングを学びましょう。

基礎知識

企業を知るための共通言語

アカウンティングとは、企業の会計のことです。

株式会社（→ P42参照）は、株主が出資した資金をもとに事業を運営しています。株式会社は P/L、B/S などの財務諸表（→ P210参照）を公開し、自社のアカウンティングを報告します。

つまり、アカウンティングとは、お金の動きから企業活動を報告するためのものなのです。

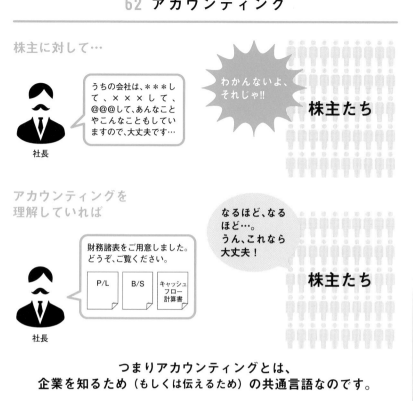

62 アカウンティング

株主に対して…

社長
うちの会社は、＊＊＊して、×××して、@@@して、あんなことやこんなこともしていますので、大丈夫です…

わかんないよ、それじゃ!!

株主たち

アカウンティングを理解していれば

社長
財務諸表をご用意しました。どうぞ、ご覧ください。

P/L　B/S　キャッシュフロー計算書

なるほど、なるほど…。うん、これなら**大丈夫!**

株主たち

つまりアカウンティングとは、
企業を知るため（もしくは伝えるため）の共通言語なのです。

「所有と経営の分離」という言葉があります。会社の所有者は株主であり、経営をするのは社長をはじめとする経営のプロ。つまり、**会社の所有者と経営する人は違いますよ**、という意味です（オーナー会社の場合は同じ）。

しかし、経営のプロから、専門的な説明をされても、株主たちは理解ができません。株主は、経営のプロではないですから。しかし、それでは困るので、共通言語として、経営者は株主にお金の話をします。つまり、**アカウンティングとは、企業の経営を伝えるため、あるいは知るための共通言語**なのです。

アカウンティングは、経営者の説明責任を果たすだけではなく、企業の経営状態をはかる道具でもあります。アカウンティングを通して、**株主は企業の経営活動の今を知る**のです。

63 活動基準原価計算

より正確なコストを算出するための手法

（1コマ目）
キミが企画した
『薄すぎるっ茶』は
赤字商品なのっ！

ボクの計算だと
利益はちゃんと
出てます！

（2コマ目）
まあまあ、
ふたりとも落ち着いて
「活動基準原価計算」で
判断してみましょ！

ねっ

（3コマ目）
ん〜…
部長の仰るとおり
赤字ですね…

ほらっ

タレントなんて
使うから！

（4コマ目）
だってぇ〜
社長が
どうしてもって
言うんです
も〜ん

ベッピンさん
じゃうの♡

すぎるっ
茶

ちゃ♡

むふ〜ん

よくあるビジネスのシーン

新田君は、自分が企画した商品が部長に赤字だと決めつけられ、ショックを受けてしまいました。

ところで、「赤字だ」とは言いますが、何をどのように計算して赤字と判断するのでしょう？

秋葉さんは活動基準原価計算を使って再計算したようです。いったいどのような計算方法なのでしょうか。

基礎知識

コスト計算を
より綿密に行うことができる

活動基準原価計算とは、**製品やサービスにかかる間接費に対し、プロセスごとに分割し、詳細に按分を計算する**ことで、**製品・サービス単位のコスト計算をより詳細に把握する方法**です。

なお、英語表記である Activity-Based Costing の頭文字を取って、ABC と呼ばれることもありますが、ABC 分析（パレート分析→P82参照）とは、まったく別物です。

63 活動基準原価計算

活動基準原価計算の考え方

2つの製品があり、間接費合計は300万円であるとします。
従来の計算方法では、製造時間をもとに按分します。
下記はそれぞれ1か月あたりの工数・回数とします。

	製造（時間）	間接費合計：300万円を按分すると
製品A(有名タレントCM)	80	¥1,500,000
製品B	80	¥1,500,000

活動基準原価計算では、製造以外の各プロセスも考え、それぞれ按分計算します。

	マーケティング	広告宣伝	開発	原材料調達	製造	デリバリー
間接費	¥400,000	¥800,000	¥300,000	¥600,000	¥700,000	¥200,000
按分基準	時間(時間)	CM放送(回)	時間(時間)	回数(回数)	製造機械稼動時間(時間)	デリバリー回数(回数)
製品A(有名タレントCM)	20	60	40	20	80	20
製品B	5	0	20	20	80	20

マーケティングは時間、
CMは放送回数で按分。

原材料調達、デリバリーは、
トラックで輸送した回数で按分。

算出した各按分にそって、再計算すると…

	マーケティング	広告宣伝	開発	原材料調達	製造	デリバリー	計
間接費	¥400,000	¥800,000	¥300,000	¥600,000	¥700,000	¥200,000	¥3,000,000
按分基準	時間(時間)	CM放送(回)	時間(時間)	回数(回数)	製造機械稼動時間(時間)	デリバリー回数(回数)	
製品A(有名タレントCM)	¥320,000	¥800,000	¥200,000	¥300,000	¥350,000	¥100,000	¥2,070,000
製品B	¥80,000	0	¥100,000	¥300,000	¥350,000	¥100,000	¥930,000

従来の計算方法では、製品A、Bとも間接費：150万円と算出されたが、
活動基準原価計算で再計算すると、製品A：207万円、製品B：93万円と大きな開きが出た。

活動基準原価計算は、**従来の方法よりも高い精度で間接費按分を算出し、製品・サービスごとの収益を把握できる**ため、より適正な価格設定などにたしかに役立ちます。

しかし、活動基準原価計算は絶対ではありません。製品・サービスには、ブランド力のような**単純に金額換算できない付加価値もある**からです。

また、活動基準原価計算を算出するためには、**プロセスごとの按分基準を把握する必要があります**。そのため、算出にかかる手間が、活動基準原価計算を行う際のハードルとなります。

なお、**活動基準原価計算を算出し、各プロセスで得られた間接費の最適化をはかることを、ABM**（Activity Based Management）と呼びます。

64 P/L

よくあるビジネスのシーン

前項で、「アカウンティングとは企業の共通言語」だと説明しました。その流れで言うと、P/L は企業の成績を示す、標準の通信簿にあたります。

新田君のように、P/L に苦手意識を持っている人は多いかもしれません。ここでは、P/L の読み方の基本と、あわせて B/S、CF についても学んでおきましょう。

基礎知識

ある期間における
収支決算を算出

　P/L（損益計算書）とは、**ある期間（通常は 1 年）における事業の収支を示す決算書**のことです。

　売上高から、その期間にかかった費用を差し引き、損益を算出します。詳しくは、図の解説をご覧ください。

　P/L は、**B/S（バランスシート／貸借対照表）、CF（キャッシュフロー計算書）とともに、財務諸表と呼ばれ、企業の経営状態を表します。**

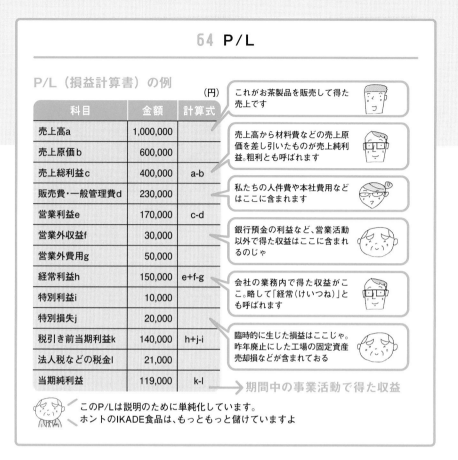

64 P/L

P/L（損益計算書）の例

（円）

科目	金額	計算式
売上高a	1,000,000	
売上原価b	600,000	
売上総利益c	400,000	a-b
販売費・一般管理費d	230,000	
営業利益e	170,000	c-d
営業外収益f	30,000	
営業外費用g	50,000	
経常利益h	150,000	e+f-g
特別利益i	10,000	
特別損失j	20,000	
税引き前当期利益k	140,000	h+j-i
法人税などの税金l	21,000	
当期純利益	119,000	k-l

これがお茶製品を販売して得た売上です

売上高から材料費などの売上原価を差し引いたものが売上純利益。粗利とも呼ばれます

私たちの人件費や本社費用などはここに含まれます

銀行預金の利益など、営業活動以外で得た収益はここに含まれるのじゃ

会社の業務内で得た収益がここ。略して「経常（けいつね）」とも呼ばれます

臨時的に生じた損益はここじゃ。昨年廃止にした工場の固定資産売却損などが含まれておる

→ 期間中の事業活動で得た収益

このP/Lは説明のために単純化しています。
ホントのIKADE食品は、もっともっと儲けていますよ

B/S（バランスシート／貸借対照表）

　P/L は通信簿のようなもので、B/S は預金通帳のようなものです。作成時点の資産を、「資産」「負債（借金）」「純資産」に分けて記すことで、**企業の事業資金の全体像を示します。**

CF（キャッシュフロー計算書）

　CF は、**現金や預金などのお金の動き**を示します。「**営業活動**」「**投資活動**」「**財務活動**」の**3つ**に分けて記載します。

　ここに挙げた、P/L、B/S、CF は、経理や財務担当でなくとも、ビジネスの基礎知識として覚えておいて損はありません。

65 のれん

「ビジネスパーソンたるもの」と財務を勉強し始めた新田君。しかし、企業の価値を考えたところで、どうやら壁にぶつかったようです。

前項で、「B/Sは企業の事業資金の全体像を示す」と学んだばかりなのに、B/Sでは買収金額はわからないという秋葉さん。そのからくりは、「のれん」にあります。

企業の見えない資産価値

のれんとは、**企業がある企業をM&A（合併・買収）したときに支払った金額と、M&A先企業の純資産の差額**のこと。と言うと、「なぜ、M&Aで純資産以上のお金を払うの？」と疑問を持つ人もいるかもしれません。

のれんは、**M&A先企業のブランド力や技術力、営業力など、見えない資産価値**を表します。

超過収益力とも呼ばれます。

65 のれん

「のれん」と呼ばれる理由

のれんは「暖簾」のことです。
小料理屋や居酒屋の入口にかかっている「暖簾」です。
暖簾は、入口の飾りという本来の意味から転じて、
そのお店の格式や信用といったブランド力を
表すようになりました。
企業の「見えない資産価値」を「のれん」と呼ぶのは、
「暖簾」が示すブランド力から由来しているのです。

事例

ブランド力　技術力　営業力　など

= 買収金額：1,200億円

純資産1,000億円の会社
※純資産＝「企業資産総額」－「負債総額」

のれんの価値：
200億

　のれんは、企業が通常の状態で事業を行っている際には表面化しません。表面化するのは、M&Aを行うときです。

　日本の会計基準では、**M&Aを行った企業は、のれんを純資産とともに、B/Sに計上しなければなりません。** 上図の例で言えば、B/Sに1,200億円が加わるわけです。ただし、M&Aの際に存在したブランド力などののれんは、**時間が経過するにつれて価値を失っていきます。** そのため、**のれんは20年で均等に償却**されます。

66 キャッシュフロー

黒字倒産の危機を招く!? お金の出入りを把握する

新田君は、給料日が休日に重なることを失念して、デート費用に困っているようです。

企業でも個人でも、今、使うことのできる手持ちの現金を把握しておくことはとても大切です。

キャッシュフローをちゃんと学んでおけば、新田君も、こんなに慌てることはなかったはずなのですが……。

基礎知識

アイテム数を拡大し品ぞろえを充実させる

キャッシュフローとは、**ビジネスにおける出入金のお金の流れ**のこと。

企業は事業活動に伴い、お金を動かします。また、企業の入出金は、個人の買い物と違い、ものと引き換えに行われるのではなく、一定期間後に行われます。

キャッシュフローをきちんと管理しておかないと、黒字倒産（→ P219参照）が発生する危険があります。

66 キャッシュフロー

ある製品を生産したときのお金の動き

前提
- 製造に2か月かかる製品
- 支払いは月末締め翌月末払い

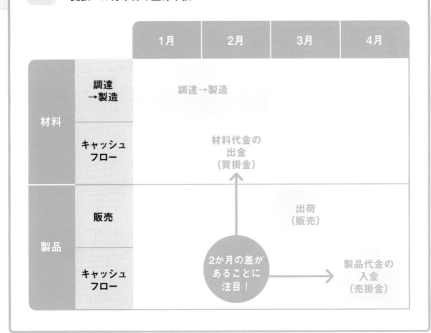

　上図の例では、材料の代金を支払ってから、製品を販売し、その代金が入金されるまで、2か月の差があります。2か月間、お金が入ってこないわけですから、その間、**事業を継続するだけの手持ち資金（現金）がなければ、会社は事業を継続できなくなり、倒産の危機**にさらされます。

　なお、**後で精算することを前提とした売買を「掛け」**と呼びます。買掛金は（この場合は材料を）購入するお金、売掛金は（この場合は製品を）販売したお金です。

　また、**「掛け」における入出金までの期間を入金サイト**と呼びます。上図の場合、月末締め翌月末払いですから、30日サイトです。なお、不当に長く入金サイトを設定すると、法律で罰せられることがあります。

67 経営指標

なに悩んでんの〜

財務諸表に出てくる数字や用語はわかってきたんですけど、何をどう判断すればいいかわからなくて…

そういうときは「経営指標」を見るといいわよ

はい！ありがとうございます

一週間後…

キリッ

社長、当社の増収率低迷要因が、総資本経常利益率にあると思うのですが…

はぅ…

新田君がなんだかヘンだよ〜

どどどうしよー

成長したってことですよ〜

よくあるビジネスのシーン

財務諸表を、ある程度勉強した人がぶつかる壁に、新田君もぶつかっているようです。

P/L や B/S（ともに→ P210参照）が読めるからといって、アドバイスや分析ができるとは限りません。むしろ、財務諸表ではたくさんの数値が登場するため、ポイントが絞りにくくもあります。そんなときには、経営指標の力を借りましょう。

基礎知識

企業の財務分析から経営を診断する

経営指標とは、**企業の財務状況を把握するために用意された分析手法**です。

経営指標は、企業の健康診断のようなもの。健康診断では、肝臓の状態を示すγ-GTPや血圧など、複数の検査項目があり、それぞれ正常値の範囲が定められています。

経営指標にも、同じように**複数の指標と理想の数値が定められています。**

67 経営指標

代表的な経営指標と計算式

総資本経常利益率（ROA）
=経常利益／総資本×100%
→ 企業の収益性を診る。高いほど良い

● 売上から診る

売上高経常利益率
=経常利益／売上高×100%
→ 利益の状態を診る。高いほど良い

売上高総利益率
=売上総利益／売上高×100%
→ 製品・サービスの収益性を診る。
高いほど良い

売上原価率
=売上原価／売上高×100%
→ 原価の割合を診る。低いほど良い

● 資本の運用効率を診る

総資本回転率
=売上高／総資本（回）
→ 投資資本の運用効率を診る。高いほど良い

固定資産回転率
=売上高／固定資産（回）
→ 設備投資が適切かどうか。高いほど良い

● 生産性分析

労働分配率
=人件費／付加価値×100%
→ 付加価値に対する人件費の割合。
低いほうが良いが、目安は50%程度

● 安全性の分析

自己資本比率
=自己資本／総資本×100%
→ 自己資本の割合。
高いほど独立性が保たれている

上図には、経営指標の一部を挙げました。ほかにも無数の経営指標があります。例えば、損益分岐点（→ P194参照）も経営指標のひとつです。

経営とは、企業が掲げるビジョン（企業理念）を実現するために、企業が進むべき方向へと舵とりを継続することです。

１年や２年ではなく、**継続的に健全な経営を続けるためには、常に現状把握に努めなければなりません。**

財務諸表と経営指標は健全な経営を続けるために必要なツールなのです。

経営指標には、「効率性」「収益性」「安全性」「生産性」「成長性」など、さまざまな観点の指標があります。必要に応じて、使い分けましょう。

ファイナンス

「ファイナンス」を…

なんで銀行の人が…資金調達しなきゃならない状況？

!?

経営が厳しくてまたお金をお借りしたいんですけど…

もしかして…

はぁ…

モジモジ

またですかっ!?
その前に人件費の削減！
営業部とかっ！

はぁぁ…

ガミガミ

『濃すぎる日本茶』が大ヒット中だから「ファイナンス」で資金調達するだけなのに…

ヒャー！

よくあるビジネスのシーン

『濃すぎる日本茶』が大ヒット中のIKADE食品株式会社、銀行から資金調達を行うようです。

ところが、新田君は、資金調達＝借金と連想ゲームで、何やら不穏な妄想中。企業が健全な経営を行うためには適切な資金調達を行うことも大切です。逆に、適切な資金調達が行えないと、怖いことが起こるかもしれません。

基礎知識

お金の流れを考え
適切な資金調達を

ファイナンスとは、**企業が資金を調達し、事業に配分するお金の流れを管理する**ことを指します。

資金調達には、いくつか方法があります。株式による調達（→P42参照）、銀行からの借り入れ、自己資金や、ベンチャーキャピタル、クラウドファンディングなどもあります。

ファイナンスは、**企業の安全性や収益性を左右する大切な要素**です。

68 ファイナンス

ファイナンスはなぜ大切なのか

「売れれば良い！」でどんぶり勘定の経営をすると、このようなことになる。
お金の流れを考え、適切な資金調達を行いながら経営をしなければ、会社が倒産する。

　経営判断とは、数ある不確定要素から、最適であると思われる選択を行うことです。

　不確定要素と言いましたが、まるで五里霧中な状態で選択をすることはできません。それは、経営判断ではなく、ただのギャンブルです。

　判断の助けとなるのが、例えばアカウンティングであり、ファイナンスです。現在のお金の流れを把握し、将来のお金の流れを計画することで、健全な経営を行うのです。

　起業する際、資金調達が重要視されるのもこのためです。銀行や株主は、ビジネスアイデアや企業ビジョンだけで判断するのではなく、**資金調達を含めたお金の流れに問題がないかどうか、チェックしている**のです。

69

可能性に懸ける投資ファンド

ベンチャー
キャピタル

よくあるビジネスのシーン

今をときめく会社の資金繰りに興味のある新田君。でも、大企業も、最初から成功していたわけではありません。ルネサンス期に活躍した、レオナルド・ダ・ヴィンチやミケランジェロには、メディチ家というパトロンがいました。現代において、見込みのあるスタートアップ企業を専門に投資を行うのがベンチャーキャピタルです。

基礎知識

投資する代わりに
経営支援やアドバイスも

　ベンチャーキャピタルとは、**将来有望と思われるスタートアップ企業に対し、資金提供を行う投資ファンド**のことです。

　まだ将来の行く末が見えていないスタートアップ企業に投資するわけですから、失敗する可能性もあります。そのため、ベンチャーキャピタルは投資するだけでなく、**積極的に経営支援も**行います。

69 ベンチャーキャピタル

頑張ります！
応援してください!!
投資（資金提供）
経営支援
スタートアップ企業の社長
ベンチャーキャピタル

ベンチャーキャピタルが収益を上げる手段

- 投資したスタートアップ企業を上場させる
- ほかのファンドに転売する

Googleに投資したベンチャーキャピタル「クライナー・パーキンス」と「セコイア・キャピタル」は、1,000倍のリターンを得た。

スタートアップ企業がベンチャーキャピタルからの投資を受ける

メリット

- 事業資金が調達できる
- 信用が得られ、事業提携などもしやすくなる
- 経営支援を受けられる

スタートアップ企業がベンチャーキャピタルからの投資を受ける

デメリット

- 成長、成功の見込みがないと判断されると、支援を打ち切られる
- 経営への干渉を受ける可能性がある

ベンチャーキャピタルは、株式会社（→ P42参照）や銀行からの借り入れ同様、資金を調達する手段のひとつです。

一般的に**ベンチャーキャピタルは、投資金額の３倍、５倍、10倍といったハイリターンを目標としています**。失敗することも多い、スタートアップ企業への投資を行うわけですから当然ともいえます。

ベンチャーキャピタルを運営するのは、銀行、証券会社、保険会社、ノンバンクから、国が支援するもの、大学系ベンチャーキャピタルも存在します。

また、かつてベンチャーキャピタルの支援を受け、世界的な大企業となった、Google、Yahoo!、Apple といった企業が、**今度はスタートアップ企業を買収する立場**に回っています。

70 フィンテック

よくあるビジネスのシーン

スマホ決済、仮想通貨、そしてクラウドファンディング。新田君は、新しいものに目がないようです。

テクノロジーは日々進化していますが、それは金融でも同じ。実は、新田君が利用していたサービスは、すべてフィンテックと呼ばれます。

フィンテックとは、どんなサービスなのでしょう。

基礎知識

さまざまなサービスが
次々と誕生する分野

フィンテック（fintech）とは、Finance（金融）とTechnology（技術）を組み合わせた造語であり、「ICTを駆使した革新的（innovative）、あるいは破壊的（disruptive）な金融商品・サービスの潮流」のことです。

フィンテックという言葉自体は、2000年初頭から使われてきましたが、スマートフォンが普及した昨今、さまざまなサービスが生まれています。

70 フィンテック

フィンテックのサービス例

スマートペイメント

現金を利用せず、スマートフォン等で決裁可能なサービスのこと

例 PayPay、LINE Payなど

仮想通貨

特定の国家による価値保証のない通貨。ブロックチェーンの技術によって運用される

例 ビットコインなど

クラウドファンディング

インターネット上で、プロジェクトと資金提供者をマッチングするサービス。プロジェクトは製品開発から企業までさまざま

例 Makuake、さとふるなど

ソーシャルレンディング

「貸付型クラウドファンディング」とも呼ばれ、投資家と借り手をマッチングするサービス

例 Crowd Bank、maneoなど

資産運用・ロボアドバイザー

AI解析によって、資産配分や金融商品の選定などを自動で最適化するサービス

例 トラノコ、あすかぶ！など

保険（InsurTech）

一般的な保険商品と違い、IoT端末などから得たデータをもとにリスクや保険料を計算する

例 SmartDriveなど

　上図に挙げた事例のほかにも、銀行、保険、証券など複数の口座を一括管理するPFM（個人財務管理）や、飲み会などの割り勘金額を参加者各自がスマホから送金できる送金・割り勘サービスなど、さまざまなフィンテックがあります。

　フィンテックには**明確な定義がなく、さまざまなサービスが、次々と誕生している**状態にあります。

　ただし、**フィンテックで扱うのがお金関連のサービスであるがゆえに、法規制等の問題も発生**しています。

　仮想通貨はその典型で、会計基準や法律など、仮想通貨への国家レベルでの対応が、まだ追いついていないものもあります。

鈴木竜太（すずきりゅうた）

1971年生まれ。1999年神戸大学大学院経営学研究科博士後期課程修了（経営学博士）。ノースカロライナ大学客員研究員、静岡県立大学経営情報学部専任講師を経て、現在、神戸大学大学院経営学研究科 教授。専門分野は経営組織論、組織行動論、経営管理論。著書に『組織と個人』（白桃書房：経営行動科学学会優秀研究賞）、『自律する組織人』（生産性出版）、『関わりあう職場のマネジメント』（有斐閣：日経・経済図書文化賞、組織学会高宮賞）、『経営組織論（はじめての経営学）』（東洋経済新報社）、『組織行動―組織の中の人間行動を探る』（有斐閣）など。

本文デザイン	二ノ宮匡（ニクスインク）
DTP	ニクスインク
マンガ・イラスト	小倉靖弘
執筆協力	坂田良平
編集協力	佐藤友美（ヴュー企画）
校正	聚珍社

ビジネスの「神髄」が身につく！
経営学　無敵のメソッド70

監修者	鈴木竜太
発行者	池田士文
印刷所	日経印刷株式会社
製本所	日経印刷株式会社
発行所	株式会社池田書店
	〒162-0851　東京都新宿区弁天町43番地
	電話03-3267-6821（代）／振替00120-9-60072

落丁、乱丁はお取り替えいたします。
©K.K.Ikeda Shoten 2020, Printed in Japan
ISBN 978-4-262-17476-1

20000007